Construire son Business Plan

Conseiller éditorial :
Catherine Léger-Jarniou

Professeur émérite à l'université Paris-Dauphine,
responsable du Master Entrepreneuriat
& projets innovants.
Présidente de l'Académie de l'Entrepreneuriat et de l'Innovation et membre
du conseil scientifique de Women Equity for Growth

Titres parus dans la collection

H. Bernet-Rollande, *TPE/PME, pilotez votre projet informatique*, 2011

BNI France, M.-W. Attié, *Réussir grâce au bouche à oreille*, 2012

T. Bordes, C. Géraud Seroude, *Franchisé gagnant*, 2013

C. Bouveret-Rivat, C. Mercier-Suissa, *PME : Conquérir des parts de marché à l'international*, 2010

S. Callies, F. Laurent, *PME : gagnez en compétitivité grâce à votre marketing*, 2013

V. Chambaud, *Guide juridique et fiscal de l'artiste*, 5e édition, 2013 ; *Guide fiscal et social des associations*, 2006 ; *Réussir son activité en SARL*, 3e édition, 2008 ; *Guide fiscal et social du créateur d'entreprise*, 6e édition, 2011 ; *Réussir son activité en solo, Guide du travailleur indépendant*, 5e édition, 2011

P. Chauvin, *Communiquer avec un petit budget*, 4e édition, 2012 ; *Entreprendre dans les services à la personne*, 2008

D. Dalin, *Les 101 questions juridiques de l'entrepreneur*, 2009

D. Fayon, C. Alloing, *Développer sa présence sur Internet*, 2012

FCA (dir.), M. Choukroun, *Le Commerce associé*, 2013

V. Froger, *La création d'entreprise de A à Z*, 2e édition, 2009 ; *Auto-entrepreneur : toutes les réponses à vos questions*, 2e édition, 2011

K. Gundolf, A. Jaouen, *Diriger sa petite entreprise*, 2011

D. Impérial, G. Petiteau, *Seniors, devenez consultants*, 2010

G. Kalousis, *Bien gérer sa PME*, 2013

C. Léger-Jarniou, *Construire son business plan*, 3e édition, 2014 ; *Réaliser son étude de marché*, 4e édition, 2011

T. Libaert, J.-M. Pierlot, *Communication des associations*, 2e édition, 2014

J. Luzi, S. Luzi, *Mobilisez vos ressources émotionnelles*, 2014.

P. Madry, *Créer son commerce*, 2e édition, 2012

J.-C. Pic, C. Viala, K. Zinaï, *Entreprendre dans le green business*, 2013

C. Pompei, R. Bréchot, *Consultants, trouvez vos premières missions et développez votre business*, 3e édition, 2012

C. Romain, *Vendre du conseil... efficacement*, 2e édition, 2013

C. Vallon, V. Chambaud, *Associations mode d'emploi – Créer, gérer, animer*, 6e édition, 2006

À propos d'EBP

Depuis sa création, en 1984, EBP s'est imposé sur le marché des logiciels de gestion et accompagne les TPE et les PME tout au long de leur croissance. Le groupe développe et édite un large catalogue de solutions innovantes dédiées au pilotage des PME, des artisans, des commerçants et des professions libérales.

Le groupe a enregistré un chiffre d'affaires de 40 millions d'euros en 2016. Il compte 500 collaborateurs en Europe et distribue des logiciels de comptabilité, gestion commerciale, paie et CRM en France, en Espagne, en Belgique et en Suisse.

Près de 560 000 clients font confiance à EBP au quotidien ! (Ebp.com).

À propos d'EBP Business Plan Création Pratic

Pour accompagner les créateurs d'entreprise dans leur projet, EBP propose un logiciel business plan s'adaptant aux évolutions de ce statut.

Pour la partie financière, EBP s'est appuyé sur l'expérience et les compétences des auteurs du livre, Georges Kalousis et Catherine Léger-Jarniou.

Simple d'utilisation, le logiciel vous permet de construire votre projet pas à pas et de préparer un dossier financier complet. Vous pouvez ainsi présenter un business plan professionnel et convaincant aux banquiers et à vos différents interlocuteurs.

Tous les tableaux financiers que vous allez retrouver dans l'ouvrage *Construire son business plan* sont issus du logiciel EBP Business Plan Création Pratic qui vous permet de construire un business plan de manière simple et intuitive. Vous aurez alors un dossier financier qui vous aidera à prendre les bonnes décisions et à agir pour développer vos activités.

Le logiciel vous permet de :

- construire la stratégie de votre activité avec une vision à long terme : vous saisissez en toute simplicité les valeurs prévisionnelles (ventes, achats, emprunts, investissements) qui vont servir à construire vos tableaux et indicateurs financiers (plan de financement, compte de résultat, bilan, etc.) ;
- suivre votre activité avec précision : vous évaluez la viabilité de votre entreprise en suivant sereinement les chiffres clés et vous visualisez en permanence l'impact de vos prévisions sur votre activité ;
- mettre en valeur votre projet : vous donnez une vision pertinente de vos résultats ; vous pouvez illustrer vos données en enrichissant votre analyse avec des graphiques et des tableaux financiers ;
- faire de votre dossier financier un vrai atout professionnel : vous présentez un dossier complet et qualitatif afin d'obtenir un financement ; avec le modèle de rapport personnalisable, vous éditerez un rapport financier unique et d'une qualité exceptionnelle.

Ainsi, avec un dossier professionnel et une argumentation orale bien construits, votre business plan sera votre principal allié pour convaincre vos partenaires financiers.

Table des matières

Partie 2

Business Plan : construction par étapes

Introduction

La création est une aventure. Pour la mener à bien, il est important d'être enthousiaste mais en même temps de prendre du recul pour construire un **business plan professionnel**.

L'objectif de cet ouvrage est de rendre le créateur acteur de sa propre aventure et de lui permettre de construire lui-même (et avec ses associés s'il n'est pas seul) son business model (BM) et son business plan (BP). Par ailleurs, s'il le souhaite, il peut sous-traiter une partie de cette construction à des experts. Mais, même dans ce cas, il est indispensable de suivre le travail de ces derniers et de pouvoir intervenir dans le processus de construction. C'est dans cet esprit que cet ouvrage a été écrit, pour que **l'idée de départ se transforme en projet puis devienne une nouvelle activité ou une nouvelle entreprise**[1].

Le business plan est un document écrit qui a deux objectifs :

- le pilotage du démarrage de l'entreprise, c'est la raison pour laquelle on parle de document de travail ;
- la communication, dans la mesure où il doit présenter le projet pour convaincre des interlocuteurs d'entrer dans l'aventure avec le créateur[2].

Le BP doit avant tout être **cohérent**, non seulement entre les ambitions du créateur et les moyens dont il dispose d'une part et les moyens qu'il peut mobiliser d'autre part, mais aussi entre la taille du marché visé et ces mêmes moyens ; cohérent enfin avec la vision d'avenir du créateur.

1. Dans la suite de cet ouvrage on parlera de nouvelle entreprise, terme qui englobera nouvelle activité et nouvelle entreprise.

2. Dans la suite de cet ouvrage, on parlera du créateur ; bien entendu ce terme englobe les situations où la création se réalise à plusieurs.

Cet ouvrage est issu de la pratique des deux auteurs depuis de nombreuses années en France et à l'étranger. Tous deux ont aidé de nombreux créateurs à rédiger et construire leur business model et leur business plan ; ils ont également enseigné cette méthode de construction auprès de différents publics mais l'ont aussi utilisée pour leurs propres projets. Leurs compétences sont complémentaires dans la mesure où l'un centre son intérêt sur les aspects stratégiques et marketing du projet alors que l'autre se concentre sur les aspects organisationnels et financiers.

C'est ainsi qu'est née l'idée de cet ouvrage où les deux aspects importants du BP, le **stratégique** et le **financier**, dialoguent en permanence pour prendre en compte ces deux catégories d'exigences le plus souvent contradictoires et aboutir à un BP cohérent. Tout au long de l'ouvrage, le lecteur trouvera des conseils, des exemples et des remarques.

Cet ouvrage comprend deux parties. La première concerne les fondamentaux du business plan et la seconde, sa construction.

La **première partie** comprend deux chapitres. Le premier renvoie au terme même du BP, c'est-à-dire à sa signification et son utilité en période de création d'entreprise. La logique business model/ business plan est développée et une structuration du business plan est proposée par les auteurs. Il est également question de conseils pour la rédaction, la présentation et la négociation du BP. Les techniques de ceux qui jugent le BP sont analysées.

Le deuxième chapitre est consacré à l'élaboration du projet de création qui passe par une clarification du périmètre d'activité de l'entreprise, de son organisation et de son fonctionnement, et ce, selon la nature du projet envisagé (production, commercialisation ou entreprise de services). Le moment opportun du démarrage est également abordé, ainsi que la saisonnalité de l'activité. L'ensemble de ces informations constitue ce qu'il convient d'appeler une phase préparatoire à la construction de la partie financière du BP. Elle se fait par le biais d'un outil spécialement conçu pour cet ouvrage que nous appelons *check-list*.

La **seconde partie** de cet ouvrage comprend également deux chapitres. Le premier concerne la construction et la rédaction, étape par étape, de tous les éléments qui composent le business plan. Tout au long de la construction, la vision du créateur est confrontée aussi souvent que possible avec la traduction financière de ses choix.

Le deuxième chapitre présente une illustration d'un projet de création, par trois créateurs, leur business model et la traduction financière détaillée de ce projet. Il s'agit du cas de l'entreprise **Décorateurs & Co.** La construction des tableaux financiers sera facilitée par l'utilisation du logiciel Business Plan Création Pratic de l'entreprise EBP.

Le lecteur trouvera également en fin d'ouvrage un lexique complet des principaux termes utilisés et une bibliographie spécifique.

Cette **quatrième édition** a été entièrement repensée, actualisée, enrichie et améliorée dans sa présentation grâce aux retours des lecteurs et utilisateurs de l'édition précédente. Cette nouvelle version insiste sur certains points comme le *just in time* ou la saisonnalité qui sont essentiels pour la réussite d'un projet. Elle prend également en compte les évolutions récentes des modèles économiques, illustre les différents types d'entreprises et leurs spécificités, sans oublier de revenir sur le débat « pour » ou « contre » un BP. Le chapitre 1 est encore plus centré sur les points essentiels du processus de construction du business plan. La notion de business model a été revue et actualisée ainsi que sa présentation pour en améliorer la compréhension. Le chapitre 2 a été enrichi par la clarification de quelques notions supplémentaires et la check-list a été étendue à de nouveaux éléments. Le chapitre 3 permet une construction pas à pas et une rédaction du BP très opérationnelle. Le chapitre 4 utilise la dernière version du logiciel EBP à partir d'un exemple qui reprend les captures d'écran essentielles et présente une analyse sommaire des performances de la nouvelle entreprise. Par ailleurs, l'ensemble des calculs financiers se trouve sur Dunod.com.

Des compléments en ligne sur Dunod.com :

- éléments sur la protection industrielle (PI)
- éléments sur la SAS
- tableaux financiers analytiques (trésorerie mensuelle, compte de résultat, bilan)
- webographie

Partie 1 Business plan, un mot magique…

Le mot business plan reste souvent encore un mot magique. Pourtant ce terme, parfois trop utilisé en entreprise notamment, a une signification particulière quand il s'agit de la création d'une entreprise. Il convient donc de le préciser pour en **comprendre la signification** et la véritable raison d'être pour une entreprise ou une activité en création.

Un business plan se présente sous la forme d'un document écrit qui va permettre au créateur d'entreprise de construire son projet dans le temps et de faire partager sa vision à ses associés dans le but de les faire adhérer et participer. Ensuite, ce document sera proposé à certains partenaires (investisseurs, banquiers, fournisseurs, premier gros client) dans le but de les intéresser au projet. Son écriture nécessite une grande attention, même si la présentation semble *a priori* stéréotypée. La réussite d'un projet tient plus au **processus de construction** du BP qu'au seul **document final**.

Le document business plan comprend deux parties : une première, descriptive, et une seconde financière. Cela entraîne d'ailleurs fréquemment des idées fausses, le BP étant souvent confondu avec la seule partie financière du document. En fait, il s'agit d'un document complet où la partie financière **traduit** le projet décrit dans la partie précédente et vient prouver sa viabilité.

Avant de construire réellement le business plan de son projet d'entreprise (partie 2), il est important d'en comprendre les fondements et la signification. Les techniques de ceux qui jugent le BP ainsi que la promotion du document font partie de cette compréhension. Ce sera l'objet du chapitre 1.

Puis il sera possible d'envisager la préparation de la construction du business plan en fonction de la nature du projet (industriel, commercial ou services). Les informations nécessaires à la construction seront regroupées dans une **check-list** qui ne fera pas partie du dossier BP final, mais n'en demeure pas moins un élément essentiel pour la construction de la partie financière. Le moment opportun pour créer sa structure sera également évoqué dans le chapitre 2.

Chapitre 1
Les fondamentaux du business plan

Construire un business plan avec efficacité nécessite de bien comprendre ce qu'il représente pour la future entreprise et pour ses partenaires.

Le BP se matérialise par un document écrit à destination de deux publics : le créateur et son équipe d'une part et tous les futurs partenaires extérieurs d'autre part. Ce document est donc à la fois **un outil de pilotage** pour le créateur **et un outil de communication** en direction des partenaires. Grâce à ce document, le créateur et son équipe suivront et piloteront la création tout au long du déroulement du processus de construction.

Aussi dans ce chapitre, il sera traité de son utilité et de ses objectifs en interne et en externe, de la manière de le rédiger, de la personne qui doit le faire et à quel moment, ainsi que de la manière dont les lecteurs professionnels le jugeront. Enfin, la question de la présentation orale de ce document et de son marketing sera abordée car elle est aussi essentielle pour assurer le bon démarrage de la nouvelle entreprise.

BP... une définition

Le BP est avant tout un moyen pour le futur entrepreneur de clarifier sa vision de l'entreprise en précisant les éléments fondamentaux comme : son équipe, son activité précise, ses moyens, sa rentabilité et son avenir.

La démarche de construction du BP se matérialise par un document de synthèse, qui raconte une **histoire** et sa **traduction financière**.

La réelle valeur d'un BP n'est pas le fait de présenter un document écrit fini. Toute sa valeur repose dans le processus de recherche et de réflexion systématique pour construire le projet. La plus grande partie du temps sera consacrée, pendant cette période de construction, à la recherche d'idées et de solutions et à repenser et retravailler ces solutions. Là réside la valeur du processus de construction d'un BP. Aussi, il est important de prendre le temps pour le construire proprement : ceux qui agissent ainsi ne regrettent jamais leur effort.

Conseil

Gardez précieusement toutes les sources d'information et les notes relatives aux calculs financiers. Elles vous serviront tout au long du processus de construction du BP.

La réflexion se matérialise par un document écrit qui retrace l'histoire d'une idée portée par un créateur et/ou une équipe et qui va prendre forme (projet) et se transformer en nouvelle entreprise. C'est le mode de communication privilégié entre l'entrepreneur et son équipe d'une part et entre l'entrepreneur et des partenaires extérieurs (investisseurs, fournisseurs, etc.) d'autre part.

Il doit toujours expliquer d'où vient l'idée, quelle équipe porte cette idée, quels sont les objectifs à moyen terme du porteur de projet pour cette nouvelle entreprise et la façon d'atteindre ces objectifs ainsi que les risques majeurs du projet. Il doit également, dans certains cas, évoquer la cession de l'entreprise et à quel horizon. Le business plan doit en permanence démontrer que le projet est viable et que l'entreprise générera assez de gains pour rembourser ses créanciers. C'est un document sérieux, fiable et dynamique. Il se compose de deux parties : une **partie textuelle** (le corps du BP qui comporte des informations vérifiées) et une **partie financière** (la traduction de la partie textuelle) qui démontre la cohérence et la faisabilité du projet. Les données financières prévisionnelles ne serviront qu'à confirmer et traduire les propos et à montrer la viabilité du projet. Celles-ci viendront en fin de dossier.

Le BP est donc un document multiple en ce sens qu'il a, à partir de la même base d'information, plusieurs destinataires possibles à l'intérieur et à l'extérieur de la future entreprise. C'est donc à la fois un **document de travail** et un **outil de communication.**

Un document de travail

C'est tout d'abord un document de travail pour le porteur du projet, donc un outil de pilotage du processus de construction de la nouvelle entreprise. Il lui permet de se poser un ensemble de questions sur tous les aspects de la vie de l'entreprise, et ce, tout au long de la démarche de création, et notamment celle de savoir comment faire de l'argent avec ce projet de manière durable, création centrale du business model.

Le créateur est le premier utilisateur du BP car il lui permettra de piloter la période d'avant-création, la phase de démarrage et les premiers mois d'existence. Les associés seront également intéressés par ce document pour accompagner le créateur et piloter le démarrage de l'entreprise.

Un outil de communication

Ensuite c'est un document qui va servir à convaincre les différents partenaires : clients, fournisseurs, investisseurs (banquiers, *business angels* ou capital-risqueurs, partenaires industriels, collectivités locales, membres de jurys de concours, etc., en fonction du type de projet et du type de besoin recherché (financement, partenariat, commandes, etc.). Le business plan devra être approuvé en interne (entre les principaux acteurs) avant d'être diffusé à l'extérieur de l'entreprise.

Un bon BP :

- n'est pas un simple document écrit, rapidement et une fois pour toutes ;
- n'est pas une version aménagée ou remplie de *templates* disponibles sur Internet ou ailleurs.

☞

☞

Mais :

- c'est une activité entière qui demande une phase de réflexion, des allers-retours, suscite beaucoup de questions et de maturation avant de trouver les bonnes réponses ;
- c'est un « guide de voyage » qui ne doit pas vous quitter, ne doit pas être abandonné mais continuellement enrichi (les données du premier BP ne sont pas « inscrites dans le marbre ! »). La preuve : il vous permettra d'évoluer dans vos choix et même de pivoter.

À quels objectifs répond-il ?

Les objectifs essentiels sont au nombre de cinq :

- **Objectif 1**

  Aider le créateur à piloter le démarrage du projet en connectant l'idée de départ à la réalité environnementale, en répondant à deux questions essentielles :
  - Existe-t-il un marché ? Si oui, comment prendre une place honorable ? Si non, comment faire bouger les lignes pour exister ?
  - Quelle contribution en termes de valeur peut-on apporter aux clients ?
- **Objectif 2**

  Aider le créateur à prendre les bonnes décisions au bon moment (par exemple : Démarrer maintenant ou dans trois mois ? modifier l'idée de départ en changeant de clientèle ? Améliorer son offre ? Faire ou faire faire ?)
- **Objectif 3**

  Organiser de manière optimale la nouvelle entreprise en mettant tous les moyens nécessaires en œuvre pour réussir.
- **Objectif 4**

  Vérifier que l'entreprise sera profitable et pérenne.
- **Objectif 5**

  Séduire puis convaincre le lecteur extérieur de la viabilité et de la cohérence du projet ainsi que du sérieux du porteur de projet.

Au-delà de la polémique…

Au-delà de la polémique autour de la nécessité ou non d'un BP, la réalité a la vie dure et elle s'impose : les partenaires veulent un BP et le créateur, seul ou en équipe, a bien besoin d'une feuille de route tout au long de la construction de son projet ! Rappelons encore que le processus de construction est au moins aussi important pour le créateur et sa petite équipe que le document qui en résulte. Et le processus se doit d'être **agile**.

La polémique vient plutôt du côté prétendument figé du BP. Mais le BP de départ concerne le lancement seulement et il devra être adapté en fonction de tous les événements internes (recrutement, nouveau client, etc.) ou externes (modification de la réglementation, riposte d'un concurrent, etc.). C'est ainsi que l'on parle de BP agile : en aucun cas, il ne faut s'en tenir à une seule version ! Et dès qu'une nouvelle activité est envisagée pour développer l'entreprise (extension de gamme, nouvelle clientèle, marché étranger), un nouveau BP est nécessaire.

Pour approfondir le sujet…

À partir de l'approche classique qui consiste à construire un BP, une approche divergente a vu le jour : l'effectuation. Plutôt que d'opposer ces approches qui ont chacune leurs avantages et leurs inconvénients, une « synthèse » consiste à créer une entreprise et construire son BP en mode *lean start-up*.

- **L'approche classique** de construction d'un BP

  Le créateur suit une logique causale et tente de prévoir le marché pour en déduire un objectif de démarrage et une stratégie pour l'atteindre. Cette volonté de formalisme pour arriver à un BP est tout à fait louable, même si c'est parfois difficile.

  Cette approche sera parfaite pour des marchés connus, matures et connaissant peu de fluctuations. En revanche, dans des contextes d'innovation forte, voire de rupture, cette approche sera limitée et des allers-retours entre le marché et le créateur seront tout à fait nécessaires.

- **L'approche effectuale**[1]

  Basée sur le pragmatisme et le bon sens, cette approche a voulu détrôner l'approche classique. Dans ce cas, le créateur construit son offre en partant des moyens à sa disposition. Cette construction est beaucoup plus rapide, plus pragmatique mais aussi parfois plus limitée. Elle est idéale dans les situations d'innovation forte mais reste très centrée (trop ?) sur les moyens et pas assez sur la vision stratégique.

Exemple

Pour illustrer les différences entre les deux premières approches, prenons la métaphore de la préparation d'une recette.

Dans l'approche classique, je me renseigne dans un livre de cuisine ou sur Internet pour trouver une recette « idéale » pour une occasion et/ou selon la saison. Je vérifie que je possède tous les ingrédients et les ustensiles nécessaires, sinon je dois aller les acheter. Je dois également être en mesure de réaliser cette recette. À l'issue de ces différentes étapes, je vais pouvoir réaliser cette recette qui correspondra plus ou moins à mes attentes (et aux photos consultées).

Dans le cas de l'effectuation, je trouve dans mon réfrigérateur et mes placards toute une série d'ingrédients et d'aliments et je compose, selon mon humeur et mes compétences, une recette. Cette recette sera plus personnelle mais peut-être moins complète et moins appréciée de mes convives.

On le voit bien, aucun créateur ne fonctionne réellement de manière causale ou effectuale, mais mixe la recherche de recettes avec ses stocks et ses envies. C'est la raison pour laquelle ces approches ne sont pas exclusives mais peuvent être utilisées simultanément pour enrichir la réflexion.

Pour la création d'une nouvelle entreprise, c'est la même chose que pour une recette de cuisine : on aboutit à une approche agile qui allie rapidité pour coller au marché et étude sérieuse, c'est le *lean start-up*[2]. Elle repose sur la validation de

---

1. Approche que l'on doit à Saras D Sarasvathy.
2. Approche que l'on doit à Eric Ries, auteur de *Lean Startup*, Pearson France, 2012.

l'idée de départ de manière rapide et peu consommatrice de trésorerie grâce à la construction d'une offre rudimentaire simplifiée (aspect *lean*), appelée produit minimum viable (*minimum viable product*, MVP). Ce produit, service ou concept imaginé par le créateur est très vite confronté aux réactions des premiers clients avant d'aller plus loin dans le projet.

« Échouer rapidement pour s'améliorer rapidement » est la devise ici.

Cette approche repose sur une dynamique d'apprentissage constante par itérations successives et tests auprès des clients pour recueillir leurs feedbacks, améliorer l'offre pour augmenter leur satisfaction.

En résumé, toute nouvelle activité a besoin de présenter un BP, une « feuille de route » agile pour saisir les opportunités, surmonter les difficultés, naviguer dans l'univers concurrentiel et prendre du recul par rapport à son projet. **Construire un BP agile** est l'objet de cet ouvrage.

Avant de rentrer dans le détail du contenu du BP, un petit détour sur l'articulation business plan/business model est nécessaire.

Relation entre business model et business plan

Business model et business plan sont intimement liés : le premier est le cœur du second. Le business model ou « modèle économique » traduit la valeur que l'activité va dégager et apporter aux clients mais aussi aux parties prenantes (*shareholders* et *stakeholders*[1]). Il traduit la façon dont l'entreprise va générer des revenus et être rentable à terme et que l'on peut traduire par la question suivante : « Comment générer des revenus et de la rentabilité à partir de cette idée avec les moyens envisagés ? » ou encore « Quelle est l'adéquation du projet avec son marché potentiel ? » Pour faire vivre ce business model,

1. *Shareholders* : actionnaires et *stakeholders* : parties prenantes internes à l'entreprise (salariés, managers mais aussi les actionnaires qui prennent une part active dans la gestion de l'entreprise, comme les *business angels*) et externes à l'entreprise (la société dans son ensemble, l'environnement, etc.).

des moyens seront mis en œuvre (humains, technologiques, logistiques, etc.) qui permettront de dégager des prévisions financières et d'envisager l'avenir. Tout cet ensemble est décrit dans le document complet appelé business plan.

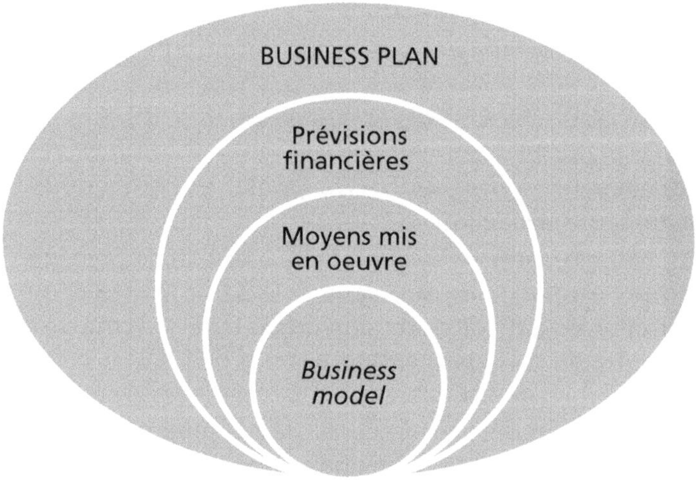

Figure 1.1 – Relation BM/BP

Dernière remarque, si le business model n'est pas solide, pas clair, le business plan ne le sera pas non plus !

Remarque

Le BP doit permettre de répondre à plusieurs questions :

- Que fait-on ?
- Pour quels clients ?
- Où ?
- Quand ?
- Comment ?
- Combien ?
- À quel prix ?
- Avec quels avantages compétitifs ?
- Avec quelle rentabilité ?

Cette liste de questions peut également se matérialiser par cette mosaïque de huit éléments :

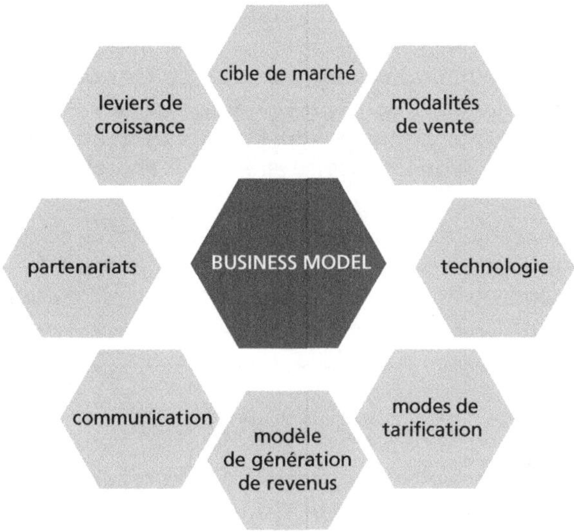

Figure 1.2 – Mosaïque du business model

Exemples

- Le portail Aufeminin.com est centré sur un segment précis : les femmes, avec un ciblage de leurs préoccupations au quotidien et un renouvellement très dynamique du contenu.
- L'entreprise Science et mer fabrique des crèmes, pâtes, cataplasmes, gels et sels à base d'algues. Elle est leader français pour la conception de produits de soins marins pour les spas et centres de thalassothérapie. Sa créatrice est ingénieure en biotechnologie.

Le BP doit retracer la cohérence de la construction d'ensemble et mettre l'accent sur la valeur proposée par la nouvelle entreprise, c'est-à-dire sur l'avantage concurrentiel décisif, durable, défendable que l'entreprise souhaite proposer à ses clients pour assurer sa rentabilité et sa pérennité.

☞

☞

La lecture du BP doit permettre au lecteur de répondre à la question obsédante qui doit être la vôtre tout au long de cette construction : « Quel avantage compétitif la nouvelle entreprise est-elle en mesure d'apporter à la cible de clients choisie et comment rendre viable cette entreprise ? ». Cet avantage compétitif est également appelé le « plus clients » que ces derniers seront heureux de trouver dans votre offre et pour lequel, en contrepartie, ils accepteront le prix proposé.

Il faut également faire « rêver » ses interlocuteurs, notamment les interlocuteurs financiers, en leur montrant les gains importants qu'ils vont réaliser en partant dans l'« aventure » avec vous.

Qui doit réaliser le business plan ?

Le BP doit être réalisé en priorité par le créateur et l'équipe de direction restreinte de départ, c'est-à-dire un petit nombre de personnes très impliquées dans le projet. À l'inverse, un BP écrit seul ne permet pas ou rend difficile la prise de recul nécessaire. Dans ce cas, entourez-vous de conseils puis faites la part des choses vous-même et avec votre entourage.

Cette vision des choses correspond au marché français et européen dans une large mesure et diffère de la pratique anglo-saxonne où l'on peut confier une idée à un cabinet spécialisé qui écrit le BP pour le porteur d'idées qui paiera, en retour, ce service. L'entreprise spécialisée peut également être chargée de la récolte de fonds pour le créateur.

En France, le créateur peut se faire aider par toutes les structures existantes – et elles sont nombreuses – et par les incubateurs si le projet est technologiquement innovant.

Conseil

Se renseigner dans un premier temps sur le site portail de l'Agence France Entrepreneur (AFE, sur Afecreation.fr, ex-Agence pour la création d'entreprise, APCE).

Même aidé, le créateur (et son équipe de départ) reste le principal intéressé par la création de la nouvelle entreprise et, pour mener à bien sa nouvelle aventure, il doit se poser des questions et apporter des réponses (selon la mosaïque, fig. 1.2).

Une autre question concerne les logiciels dont peut bénéficier le créateur pour l'aider à construire son BP. L'aide peut se révéler très utile à condition de prendre en compte certaines remarques, notamment :

- le logiciel ne doit pas être très coûteux ;
- il doit être souple d'utilisation et peu complexe ;
- il est intéressant s'il ne demande pas une phase d'apprentissage trop longue pour obtenir une efficacité plus grande que la méthode traditionnelle du « papier-crayon » ;
- il est souvent plus intéressant d'utiliser ce type d'outil quand le projet est déjà avancé car c'est le projet qui doit guider l'utilisation du logiciel et non l'inverse.

En revanche, l'utilisation d'un tel logiciel permet un gain de temps considérable et présente également l'avantage de faciliter des allers-retours nécessaires entre l'aspect marketing/stratégie du projet et sa traduction financière (cet aspect sera traité dans la seconde partie de cet ouvrage). Il dégage ainsi du temps pour permettre au créateur de faire de nombreuses hypothèses.

Le site de l'AFE référence la plupart des logiciels de création d'entreprises. Il est à signaler que beaucoup traitent de la partie financière. L'estimation du chiffre d'affaires prévisionnel doit être faite *ex ante* (voir chapitre 3). Aucun logiciel à ce jour ne permet de réaliser complètement cette estimation de chiffre d'affaires. Dans la suite de cet ouvrage, nous utiliserons le logiciel EBP Business Plan Création Pratic pour son aspect à la fois complet et simple d'utilisation.

Quand rédiger le business plan ?

Le BP est avant tout un document de travail. Le créateur doit le considérer comme son « carnet de bord ». Dès que l'idée de création existe, il est intéressant de commencer à construire son BP. Bien entendu, il sera tout à fait embryonnaire au début et il se structurera et s'étoffera au fur et à mesure.

Conseil

Il est très important de se forcer à écrire ses idées (Quelle activité : achat/vente, production, vente… ? À qui ? À quel prix ? Comment se démarquer des concurrents ? Quels fonds sont nécessaires ?) et de ne pas rester dans le discours. Cette phase d'écriture que l'on pourrait appeler d'« accouchement » est importante pour que l'idée progresse et mûrisse dans l'esprit du créateur et devienne un véritable projet de création d'entreprise.

Ce document de travail pour le créateur et ses associés est appelé **BP de référence.** Ensuite, à chaque étape significative de la construction du projet (puis de l'entreprise créée), le BP évoluera. Il n'est pas rare d'en écrire une dizaine de versions, avec des modifications qui vont de marginales à très importantes. Cela ne signifie pas que le créateur écrira entièrement plusieurs BP, mais il s'agira le plus souvent de versions enrichies (couper/coller) au cours du temps.

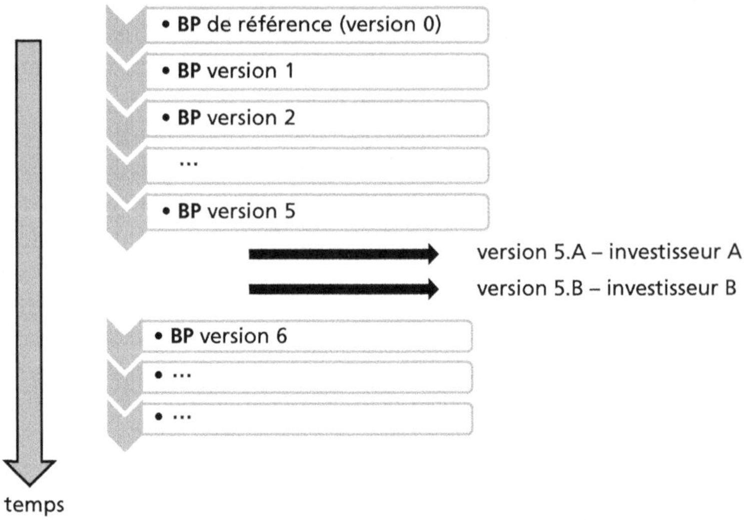

Figure 1.3 – Les différentes versions du BP

Numérotez les versions du BP de 1 à n, au fur et à mesure de l'avancement du projet.

Codifiez les différentes versions en fonction des destinataires en attribuant une lettre à chaque partenaire.

Il est essentiel de garder toutes les versions en mémoire dans votre ordinateur. Un jour, vous rechercherez la version 5 à destination du banquier C pour argumenter un point précis avec ce dernier et la sauvegarde sera précieuse.

On indique fréquemment qu'une nouvelle version par mois est une moyenne convenable pour suivre les évolutions du projet. Au final, cela signifie que le créateur écrira huit à dix versions de son BP, qui correspondent à la version de référence enrichie au fur et à mesure de l'évolution du projet et déclinée pour quatre à cinq destinataires-partenaires différents.

Conseil

Pour chaque interlocuteur, rédiger (et aménager) une version spécifique en mettant en évidence les éléments qui l'intéresseront au premier plan. Par exemple les financiers regardent la rentabilité, les fournisseurs l'aspect technique et les clients les prix.

Le contenu du business plan

Nous avons pu vérifier l'efficacité de différents formats de BP, ce qui nous permet de proposer notre structuration générique, fondée sur la cohérence du projet.

1) *Executive summary*
2) Le créateur et l'historique du projet
3) Le projet
4) La technologie
5) Le business model
6) Les moyens à mettre en œuvre
7) Les aspects juridiques
8) Le budget prévisionnel
9) Les perspectives d'avenir
10) Annexes

Conseil

La seule alternative possible consiste en l'interversion des points 1 et 2. Un créateur expérimenté et connu dans le domaine insistera sur la présentation de son équipe en premier. En revanche, un jeune créateur mettra en avant son projet et son utilité et se présentera par la suite. Dans ce cas, un « plus » à ne pas oublier : les diplômes, l'entourage et les aides extérieures (mentor, incubateur, etc.).

Puis, à chaque étape importante de la vie de l'entreprise, comme le lancement d'un nouveau produit ou service, la recherche de nouveaux partenaires financiers (second tour de table par exemple), la conquête d'un nouveau marché et notamment à l'international ou la mise en place d'un nouvel outil industriel, un nouveau BP sera précieux.

Les incontournables du contenu du BP

Tous les éléments du BP sont importants, mais certains demandent une attention redoublée : ce sont les incontournables.

- L'*executive summary* : tous les BP commencent toujours par une note d'une page (ou deux) primordiale, intitulée *executive summary*. Cette note est un résumé stratégique de tout le projet et le lecteur professionnel commence par celle-ci : il doit comprendre en quelques minutes de quoi il s'agit, qui porte ce projet, quelle en est l'ampleur, son originalité, sa rentabilité future et le risque lié au projet.

  Ce résumé demandera plusieurs écritures et réécritures quand le BP sera terminé, car son importance est cruciale. Le lecteur abordera le projet par ce résumé et se fera automatiquement une idée : projet sérieux/immature, intéressant/sans valeur, à financer ou à aider/à refuser.

Conseil

Écrivez en dernier l'*executive summary*, relisez-le et faites-le relire. Consacrez-y le plus de temps possible : c'est votre clé d'entrée notamment chez les partenaires financiers !

- La partie financière « boucle » le BP et prouve que l'aventure est réalisable : avec tant d'investissements au démarrage, on pourra atteindre un seuil de rentabilité dans X mois et tel niveau de résultat. Les éléments financiers se calculent à partir du chiffre d'affaires estimé à l'issue de l'étude de marché. Pour affiner ce chiffre et se rapprocher de la réalité, il est habituel de partir de trois scénarios de chiffre d'affaires (réaliste, optimiste et pessimiste).
- Un BP se termine toujours par les perspectives d'avenir de l'entreprise : que sera-t-elle dans trois ans ? dans cinq ans ? Le BP est également un document prospectif qui retrace le plan de développement à moyen terme (en général trois ans) de l'entreprise et qui explique les moyens nécessaires pour atteindre une position donnée (leader sur une niche de marché, tel pourcentage de part de marché, etc.) et les risques.

  Cela peut aller jusqu'à envisager les stratégies de sortie du porteur de projet.
- La dernière rubrique du BP comporte un ensemble d'annexes qui permettent de crédibiliser le dossier, comme le CV du créateur et de son équipe, des lettres de commande de futurs clients, des plans d'usine, une revue de presse sur le « début d'activité » de l'entreprise ou sur le créateur au cours d'une expérience antérieure.

  Tous ces éléments seront détaillés dans la partie 2.

Conseils de rédaction du BP

La longueur moyenne d'un BP est de 20 à 30 pages, sans compter les annexes. À la lecture de ce document, l'investisseur potentiel ou le partenaire extérieur devra avoir le sentiment que l'entrepreneur présente un **projet cohérent** et **solide** et qu'il mérite d'être aidé/accompagné.

Il doit permettre à n'importe quel type de lecteur de cerner l'idée et la viabilité du projet. Un style précis, clair et agréable à lire est de rigueur. Une présentation aérée avec des titres facilement repérables (éventuellement en couleur) donne une impression générale agréable au lecteur. Aussi souvent que possible, les tableaux et les graphiques seront utilisés pour faciliter la lecture.

Il convient également d'équilibrer l'aspect technique, l'aspect stratégique et l'aspect financier dans le BP qu'il soit à destination interne ou externe.

Conseil

Ne croyez pas que « jargonner » ou construire une architecture de fonctionnement complexe vous fera écrire un BP gagnant. Au contraire, ce type de propos énerve les futurs investisseurs, qui ne sont pas des spécialistes de cette technique précise ou des fins connaisseurs de votre secteur d'activité. Le propos d'un BP bien préparé n'est pas de montrer votre potentiel de rédacteur sophistiqué, mais de quelle manière opérationnelle vous allez atteindre vos objectifs.

Que vous cherchiez à obtenir un financement de 200 000 euros ou de 2 millions d'euros, vous devez convaincre les investisseurs (ou partenaires) que votre proposition d'affaires est un « bon risque » pour eux.

Consacrer régulièrement du temps à la rédaction du BP est une bonne habitude à prendre (par exemple tous les vendredis à 16 heures ou tous les lundis matin). Il s'agit d'une démarche rigoureuse qui demande une certaine organisation dans le but de mettre à plat toutes ses idées.

Conseil

Vous pouvez commencer à écrire n'importe quelle partie du BP (comme présenté p. 20), à l'exception de l'*executive summary* et de la partie financière qui doivent être rédigés en dernier lieu, car vous allez construire les différentes parties en parallèle.

Pour obtenir la première version du BP de référence, assemblez la collection de textes dont vous disposez sur les différents thèmes suivant notre structure proposée. Ensuite ajustez-les dans un style rédigé et lisible, en veillant à la cohérence globale de l'ensemble des propos. Vous serez également jugé sur la qualité et l'apparence de votre travail !

Le principal avantage est la prise de recul : en effet, dès que vous avez un début de BP, puis un BP plus avancé, vous pouvez en discuter avec vos associés (ou vos proches) pour évaluer les avancées, les difficultés, les risques et les solutions envisagées. Si le créateur est seul, relire son BP deux jours après l'avoir écrit permet également de prendre du recul et de « garder les pieds sur terre ». Dans la phase de création, il faut bien admettre que le créateur est seul avec son projet et il manque souvent de recul. Toute action lui permettant de prendre de la distance par rapport à ses questionnements quotidiens est excellente.

La meilleure solution pour écrire un BP est le travail en équipe des porteurs de projet, dont les compétences sont complémentaires et en adéquation avec celles requises pour la mise en œuvre du projet.

Conseil

Écrivez toujours votre business plan en pensant à ceux à qui vous voulez le destiner, aux questions qu'ils se posent et aux réponses qu'ils souhaitent entendre. Avancez toujours des faits et non des impressions (oubliez les « je crois », « je pense », etc.).

Remplacez l'euphorie par des faits et des informations objectives. Toute information doit être justifiée et vérifiable (par l'étude de marché, dans les prévisions financières, etc.).

Enfin, il importe de jouer « cartes sur table », de faire part de l'état d'avancement réel du dossier et d'évoquer les difficultés rencontrées et les risques en proposant des pistes de solutions envisagées. Le BP doit retracer fidèlement la situation du projet. Il ne doit être ni pessimiste ni optimiste.

Le BP doit mettre en évidence la cohérence entre les moyens et les objectifs, entre la croissance du marché et les parts de marché visées, entre ces dernières et la place des concurrents, par exemple.

Conseil

Les investisseurs préféreront les projets qui arrivent déjà à « fonctionner avec les moyens du bord » (meubles d'occasion, votre propre ordinateur, etc.) plutôt que ceux qui demandent des capitaux ou des subventions sans rien justifier.

Rappel sur le contenu du texte

- Apportez des « preuves ».
- Mettez en avant la cohérence entre vos objectifs et les moyens nécessaires.
- Adaptez votre BP à chaque destinataire extérieur.
- Valorisez votre avantage compétitif.

Rappel sur la forme de la rédaction

- Commencez par écrire le « BP de référence ».
- Numérotez chaque version du BP.
- Utilisez un style clair.
- Rédigez votre document en format A4.
- Notez les destinataires de chaque version (en en-tête ou pied de page).

Le BP à destination externe sera lu et analysé différemment selon les partenaires. Il convient en conséquence d'imaginer, en l'écrivant, les questions et les points sur lesquels le document va être jugé dans le but d'y apporter toutes les réponses possibles. Pour s'y préparer, il est intéressant de comprendre le point de vue et la logique des lecteurs extérieurs.

Finalisation du BP en fonction des particularités du projet

Lorsque votre BP de référence aura évolué et sera parvenu à la version n° 5 ou 6 par exemple ou plus, et que vous penserez qu'il est assez mûr pour être partagé avec les futurs partenaires, il devra répondre aux attentes de ces différents publics qui ont chacun des attentes spécifiques.

BP présenté à des investisseurs

Au-delà de l'expérience et des compétences du créateur, les investisseurs (capital-risque, *business angels*, etc.) sont particulièrement intéressés par la croissance de la future entreprise et attendent des retours sur investissement. Ils souhaitent augmenter la valeur de l'entreprise pour assurer leur sortie avec profit. Il est important de leur présenter les éléments suivants :

- un BM solide et cohérent ;
- le montant des fonds nécessaires pour démarrer (appelés le premier tour de table) ;
- la manière dont l'entreprise va utiliser ces fonds et en quoi ils vont faciliter sa croissance ;
- le taux estimé de retour sur investissement ;
- les conditions d'évolution et le rythme de croissance attendu de l'entreprise ;
- le pourcentage de parts octroyé aux investisseurs ;
- leur participation aux instances de direction (conseil d'administration, etc.) ou dans la gestion courante ;
- les méthodes de reporting financier fourni aux investisseurs ;
- le montant des fonds nécessaires d'ici deux à cinq ans (le second tour de table) ;
- la stratégie de sortie des investisseurs (conditions de sortie et de vente).

BP présenté aux banquiers

Les banquiers gèrent « en bon père de famille » les fonds dont ils disposent, ils veulent s'assurer d'être remboursés en temps. Aussi, il est important de mettre en avant les points suivants :

- la personnalité et l'expérience du créateur ;
- un BM solide et cohérent ;
- le montant de l'emprunt demandé ;
- la manière dont les fonds vont être utilisés (investissements, etc.) – les banquiers ne prêtent jamais pour financer le besoin en fonds de roulement ;
- en quoi l'obtention d'un prêt va rendre l'entreprise plus forte ou son démarrage plus rapide ;
- les échéances de remboursement (nombre d'années).

BP présenté à des fournisseurs

Les fournisseurs, et plus particulièrement les plus importants pour le business de la nouvelle entreprise, recherchent des partenaires fiables qui leur assurent de nouveaux débouchés. En contrepartie, ils peuvent accorder des délais de paiement (appelés crédits fournisseurs) qui sont très appréciables les premières années d'exploitation. Il est important de leur présenter les points suivants :

- la quantité des matières, produits, services nécessaires pour l'activité ;
- la qualité de l'offre ;
- le rythme de livraison souhaité ;
- le prix et les conditions de paiement ;
- les évolutions prévues du chiffre d'affaires.

BP présenté à des concours

Il existe un grand nombre de concours, nationaux, régionaux, sectoriels ou qui visent une catégorie de créateurs.

Chaque concours a ses propres objectifs : valoriser les jeunes créateurs, les femmes, les start-up, un secteur d'activité, les entreprises à potentiel, etc. D'où l'intérêt de bien lire les conditions du concours qui mettent en avant différents critères, tels que la création d'emplois, le développement à l'international, la promotion de la recherche, etc. Tous seront sensibles à la personnalité du créateur et à la cohérence du projet.

Les techniques de ceux qui vous jugent

En général, l'évaluation du document BP se fait en cinq temps, pour aboutir à un jugement global. Mais il faut reconnaître que les deux premiers jugements sont véritablement décisifs.

L'intérêt porté à un BP débouchera sur une présentation orale faite par le porteur de projet qui sera alors soumis à de nombreuses questions.

Premier filtre : l'executive summary

Réponse : intéressant ou non.

L'*executive summary* sera jugé intéressant s'il est clair, compréhensible, nouveau, prometteur en termes de marché et de revenus.

Quand un investisseur/partenaire extérieur lit cet *executive summary*, deux possibilités s'offrent à lui le plus souvent :

- La première consiste en un rejet pur et simple du dossier (sans lecture plus complète de l'ensemble) pour des raisons aussi variées que « projet maintes fois lu », « aucune valeur apportée par rapport à la concurrence », « rentabilité tout à fait incertaine » ou « *executive summary* incompréhensible ». Cette dernière remarque est malheureusement souvent le fait de projets technologiques de grande valeur qui concernent des niches de marché mais sont parfaitement incompréhensibles pour les non-spécialistes.

Conseil

Avant de rentrer dans les détails notamment techniques, l'interlocuteur doit comprendre le sens du projet et son périmètre : quelle sera l'activité de la nouvelle entreprise ? pour qui ? comment ? avec quels avantages concurrentiels ? avec quelle rentabilité et quel avenir ?

- La seconde possibilité est l'intérêt que le BP suscite chez ce lecteur qui, pour aller plus loin, va lire l'ensemble du document (cas de fournisseurs, de banquiers par exemple) ou le confier à différents spécialistes qui apporteront une appréciation sur leur domaine de compétences à partir de grilles spécifiques (cas des sociétés d'investissement).

Deuxième filtre : l'équipe et le projet

Pour mieux vous cerner et vous comprendre et finalement décider s'ils vous accompagneront, les lecteurs extérieurs s'intéresseront à votre motivation (votre profil psychologique) et à votre vie de famille (soutien ou frein).

Ils étudieront également le lien entre votre expérience professionnelle et votre projet (maîtrise technique, commerciale...) ou plus précisément l'écart qui pourrait exister entre vos compétences, votre vision de votre future entreprise et les caractéristiques de votre projet. De l'écart formulé entre ces trois éléments se dégage un degré de « maîtrise technique » qui permet de mesurer le risque mais aussi d'anticiper les formations et les recrutements à envisager pour assurer le bon développement de l'entreprise.

Toute expérience, même non professionnelle, ou l'appartenance à un milieu familial d'entrepreneur peuvent pallier le manque d'expérience professionnelle.

Ils voudront ensuite comprendre votre projet et son périmètre. Expliquer clairement et simplement ce que vous souhaitez faire est la meilleure méthode. Aidez-vous de schémas, dessins, photos ou tout élément qui aide à la compréhension.

Rappelez-vous que vous connaissez mieux que quiconque votre projet, mais que le lecteur extérieur doit le comprendre en quelques minutes seulement !

Troisième filtre : le business model

Les lecteurs extérieurs analyseront les besoins des clients et éplucheront votre étude de marché : soyez précis dans ce domaine et ensuite ciblez bien votre clientèle car ils recouperont vos affirmations (sur le marché, les fournisseurs, les prix...). Ils souhaitent donc un BM clair et percutant !

Estimez le temps d'accès au marché (*time to market*) qui est le délai nécessaire à l'entreprise pour mettre au point une version commercialisable de son produit ou service. À la notion de *time to market* s'ajoute le délai moyen du processus d'achat (temps nécessaire à un client entre le moment où il prend connaissance de votre offre et sa commande). Plus l'offre est innovante, plus le processus d'achat sera long. Il est souvent aussi très long avec les clients grandes entreprises (les grands comptes) et les administrations où les circuits de décision sont complexes. Il est alors fréquent que les futurs investisseurs recalculent ce délai d'accès au marché. Or un décalage de six mois dans l'estimation du chiffre d'affaires peut avoir des effets dévastateurs sur l'entreprise qui démarre en termes de consommation du cash disponible ou de non-respect des engagements vis-à-vis des partenaires industriels ou financiers. Le *time to market* doit également tenir compte de la saisonnalité du marché.

À ce niveau, votre BP connaîtra les deux mêmes possibilités qu'après la lecture de l'*executive summary* :

- votre BM est convaincant et le lecteur appréciera de terminer sa lecture ;
- votre étude et votre démonstration ne sont pas convaincantes et il conclura par la négative dans l'accompagnement de votre projet.

Quatrième filtre : la technologie

Le niveau technologique sera également analysé par des spécialistes de cette technologie, très concernés par son coût et sa faisabilité ainsi que son degré d'innovation par rapport à la concurrence. Il est important de présenter les grandes lignes de cette technologie, sa propriété et bien évidemment les apports pour les clients.

Cinquième filtre : le chiffrage du projet

À ce stade, vous avez presque gagné la partie ! Reste à savoir si vos prévisions seront validées et si votre demande d'aide financière sera acceptée.

Les lecteurs extérieurs analyseront enfin tous les documents financiers de manière très précise (analyse des coûts, des investissements et de leur financement, de la rentabilité, etc.). La prudence est de rigueur avec des hypothèses réalistes. Présentez des courbes, des tableaux et des schémas pour faciliter la lecture.

Ils vous demanderont de vous transformer en « homme-orchestre » et évalueront la rémunération que vous estimez pouvoir vous attribuer au début de l'activité (qu'ils compareront avec votre rémunération actuelle). Ils ne souhaitent surtout pas financer les salaires du créateur !

Conseil

En règle générale, les lecteurs ne tiennent pas compte des éventuelles subventions dont vous pourriez bénéficier dans la mesure où leur délai d'obtention est toujours extrêmement long. Ils ne prendront en considération que les subventions pour lesquelles vous apportez la preuve qu'elles vous sont acquises.

Dernier temps : l'avis général

Dans le cas des lecteurs investisseurs, le BP sera lu par différents experts spécialistes dans leur propre domaine (technique, commercial, financier, juridique, etc.). Ils étudieront en détail tous les points évoqués et feront un rapport précis dans leur domaine de compétences. Ensuite, une réunion de coordination permettra de juger de la cohérence générale du dossier avant de donner un avis sur le financement et/ou l'accompagnement demandés.

Exemple de cohérence

Lokéo propose la location d'appareils électroniques et électroménagers de grande marque. La proposition de valeur est simple : « vivre de nouvelles expériences, louer, profiter, innover ». Cette proposition est déclinée en trois offres qui s'adressent à une cible réceptive de technophiles et des personnes qui déménagent souvent. La relation client est privilégiée lors de la location sur le site Lokéo, la livraison et l'assistance mais aussi la garantie et une forte présence sur les réseaux sociaux, sans oublier le recyclage.

Un bon conseil : apportez des preuves !

Les cinq variétés suivantes de BP ont des chances de finir dans la « poubelle » du financier[1] : les « je suis le premier », les « je n'ai pas de concurrents », les BP sans viabilité, les équipes non crédibles et les BP où « tout est merveilleux ».

Chaque interlocuteur extérieur possède sa propre formalisation de grille d'évaluation. Le tableau 1.1 en rappelle les principaux éléments.

1. John Mullins, London Business School, 2006.

Tableau 1.1 – Exemple de grille d'évaluation d'un projet de création

Critères	Projet peu Attirant Feu rouge	Projet moyen – +	Projet Intéressant Feu vert
LE CRÉATEUR ET SON ÉQUIPE Motivations entrepreneuriales Profil de l'équipe dirigeante Compétences/connaissances Expérience de gestion de projet Capacité à renouveler le produit Qualité des relations dans l'équipe Complémentarité de l'équipe **Adéquation homme/projet**			
LE MARCHÉ Identification du besoin des clients Potentiel du marché Niveau de concurrence Qualité de l'étude de marché Positionnement de l'offre Différentiation de l'offre **Pertinence de l'offre sur ce marché**			
LA STRATÉGIE Définition claire des objectifs Pertinence du business model Adéquation des moyens aux objectifs Maîtrise du timing « fenêtre d'opportunité » Potentiel de développement **Pertinence des choix stratégiques**			
LES RESSOURCES FINANCIÈRES Cohérence du chiffre d'affaires Prévision de progression du chiffre d'affaires Cohérence du plan de financement Sensibilité à un décalage des recettes Qualité de l'évaluation du BFR Rentabilité **Viabilité économique**			

☞

INNOVATION (en cas de projet innovant) Origine de l'idée (invention, me-too, etc.)Degré d'innovation Faisabilité de l'innovation Délai de mise sur le marché Coût de l'innovation Protection de l'innovation Dimension durable du projet **Originalité et faisabilité du projet**			

Source : adapté de plusieurs grilles d'évaluation.

À noter que plusieurs personnes examineront le BP en fonction de leurs spécialités et émettront chacune un avis sur chaque aspect. Si le BP est jugé intéressant par vos interlocuteurs, ils souhaiteront vous rencontrer pour avoir de plus amples informations et obtenir des réponses à leurs questions.

Considérez toujours comme une chance d'avoir des interlocuteurs et investisseurs exigeants qui prennent le temps de s'intéresser à votre projet, qui demandent des précisions et qui vous imposent des hypothèses réalistes. Avec cette idée en tête, vous améliorerez votre BP plus facilement afin qu'il réponde à ces exigences.

Sachez présenter votre BP

Prendre du temps pour préparer la présentation orale de son BP est essentiel. Un bon BP « papier » ne suffit pas. Il faut aussi le présenter oralement, le négocier et *in fine* le « vendre » à ses interlocuteurs.

Malheureusement, les créateurs d'entreprise ne jugent pas toujours cet aspect indispensable et peuvent perdre toutes leurs chances d'obtenir un financement ou une aide d'un partenaire si leur présentation n'est pas claire ni structurée.

Conseil

Une démarche prématurée auprès de partenaires externes affaiblit la position du projet. Aussi il est important de réfléchir à la planification de la diffusion du BP.

Lorsque le BP est suffisamment abouti, vous pouvez le communiquer de deux manières :

- envoi du BP complet à quelques interlocuteurs sélectionnés, avec un accord de confidentialité ;
- envoi du seul *executive summary* en utilisant la technique du *teasing* pour les appâter et leur offrir l'opportunité de lire votre BP et/ou d'obtenir un rendez-vous.

Il est essentiel de préparer cette séance de présentation orale qui peut s'apparenter à la « vente » de votre BP en fonction du type d'interlocuteur (fig. 1.4).

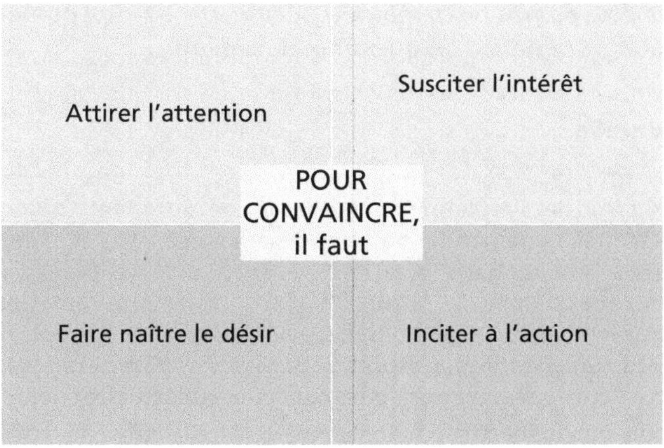

Source : T. Adams, *The secrets of Successful Selling Management Books*, 2000

Figure 1.4 – L'art de convaincre

Rappel

Le porteur de projet est le « premier commercial » de son entreprise a-t-on coutume de dire et cela est tout à fait exact. Il doit, lors de cette présentation, convaincre sur le fond mais aussi convaincre qu'il est l'homme de la situation.

Il en sera de même dans les auditions des phases terminales des concours de création d'entreprise, où le créateur sera amené à venir présenter son projet devant un jury pendant

15 minutes, ce qui est la pratique la plus courante. À la suite de cette présentation, le jury posera des questions. Une technique habituelle pour tenter de déstabiliser le créateur et vérifier tous ses écrits et dires est la suivante : plusieurs experts issus de spécialités différentes posent en rafale une grande quantité de questions sans laisser beaucoup de place à la réponse. Une telle expérience mérite une vraie préparation en équipe !

Ne vous laissez pas piéger par vos atouts en plongeant dans les détails, notamment techniques, et surtout en refusant les objections. Ce dernier point a pour conséquence tout d'abord d'énerver vos interlocuteurs mais surtout de considérer que vous n'êtes pas un *open minded person*, c'est-à-dire quelqu'un qui peut se remettre en question facilement.

Conseil

Vos interlocuteurs connaissent moins que vous le projet, présentez-le simplement, clairement et en allant toujours à l'essentiel. Ils demandent à être convaincus et rassurés : adaptez-vous à leur langage et à leurs préoccupations. Prenez leurs remarques comme des possibilités d'enrichissement. Remettez des documents clairs, propres, lisibles, sans fautes d'orthographe pour donner une bonne impression. Le dernier conseil pourrait paraître superflu mais s'avère dans bien des cas tout à fait essentiel : soyez en forme physiquement pour aborder ces entretiens et ne passez pas une nuit blanche la veille pour réaliser et/ou « réviser » votre présentation.

Préparer un argumentaire concis et percutant ainsi que quelques graphiques et schémas est indispensable. La plupart du temps, il est demandé une préparation formelle, préparez-la à l'aide du logiciel PowerPoint mais ayez également des copies papier à distribuer au début de votre présentation.

Une méthode de préparation idéale pour s'habituer à communiquer l'essentiel en un minimum de temps est la technique de l'*elevator pitch*, où il s'agit d'être convaincant face à un décideur le temps d'un trajet en ascenseur. La clarté de l'exposé permettra alors à n'importe quel interlocuteur de bien comprendre le projet. On peut s'entraîner à faire des pitchs en une minute, deux minutes ou cinq minutes. Pensez-le comme une bande-annonce d'un film pour être concis et aller à l'essentiel ! Et n'oubliez pas que les dix premières secondes sont cruciales pour donner une impression à son interlocuteur. Pour vous entraîner, regardez des pitchs sur YouTube, des conférences TED ou des sites dédiés aux entrepreneurs.

Exemple

Une technique de pitch

Why ?

How ?

What ?

Une accroche sous forme d'une histoire (*storytelling*) est toujours excellente.

Lors de ces présentations, n'oubliez pas de faire également signer un accord de confidentialité. C'est une pratique tout à fait courante et vos interlocuteurs s'étonneraient de ne pas vous la voir pratiquer.

Accord de confidentialité

Le problème de la confidentialité est inévitable lors de la présentation d'un business plan. Un avertissement clair sur la page de couverture telle que « diffusion restreinte » ou « confidentiel » n'est pas une garantie suffisante mais une mesure nécessaire. L'obtention d'un engagement de confidentialité est sage mais reste une protection parfois théorique. Une fois le BP communiqué, le contrôle de sa diffusion devient plus difficile. Il n'y a pas de solution parfaite au problème de la confidentialité.

Pour éviter ce problème, il peut être intéressant d'inverser les rôles. Mettez-vous à la place du lecteur et lisez votre document comme si vous deviez prendre une décision sur le projet. Dès que l'information semble suffisante, n'allez pas plus loin. Vous donnerez de plus amples renseignements lors des entretiens et/ou dans une phase ultérieure de négociation.

Conseil

Dans tous les cas, la confidentialité de votre projet vous appartient. Vous n'avez pas à révéler vos secrets de fabrication à vos interlocuteurs externes... ni internes ! Dans votre BP, donnez tous les détails sur le « à quoi ça sert » mais jamais sur le « comment ça marche ». Ce dernier point peut être soit breveté soit jalousement gardé mais ne regarde pas vos interlocuteurs. Le « à quoi ça sert » correspond à l'avantage concurrentiel qui vous différenciera de la concurrence. C'est la valeur de votre offre.

Rappelez-vous que le secret de la recette de la liqueur Bénédictine est secrètement gardé par trois moines différents afin de le protéger !

Exemple

Exemple d'accord de confidentialité entre la société AAA et Monsieur Jean, représentant la future société « Création »

La société AAA vient de recevoir le business plan concernant la future société « Création », dans nos locaux, le 00/00/20xx.

Étant donné le caractère confidentiel de tout ou partie de ces informations et de façon à assurer leur protection contre un emploi intempestif ou une divulgation non autorisée à des tiers, les parties acceptent, à titre personnel et ès-qualités, et ce, pour autant qu'elles ne possédaient pas déjà licitement lesdites informations :

- La société AAA s'engage à conserver le caractère confidentiel de cette opportunité d'investissement et de toutes les informations contenues dans ce plan ainsi que celles que Monsieur Jean pourrait lui communiquer oralement et ultérieurement.
- La société AAA s'engage à ne faire aucune copie, partielle ou complète, de ce document, de ses annexes et de tous documents s'y rapportant ou des documents ultérieurs et à retourner tous les documents reçus sur simple demande de la part de la Société « Création ». Les informations communiquées seront utilisées aux seules fins d'évaluer l'opportunité d'investissement proposée, à l'exclusion de toute autre utilisation notamment de nature commerciale.
- La société AAA s'engage à prendre les mesures nécessaires pour faire respecter les engagements visés par la présente par ses employés et ses conseils, et ce, pour une durée de ... mois/années (à négocier) à partir de la signature du présent document.

> Tout usage des informations devra donc être subordonné à la signature préalable d'un accord spécifique entre les parties.
>
> Chaque partie s'engage à garder secrètes les informations relatives à l'objet des présentes ainsi que les autres informations de toute nature qu'elle aura pu recueillir à l'occasion de son contact avec l'autre partie.
>
> Fait à ...., le .... en deux exemplaires
>
> | | |
> |---|---|
> | Le(s) porteur(s) de projet | Le représentant de la société AAA |
> | de la société « Création » | M. .... |
> | Lu et approuvé (manuel) | Lu et approuvé (manuel) |

Conclure après la présentation

Les présentations demandent un suivi et il est recommandé d'écrire une petite note de remerciement à la suite de ces réunions. S'il vous est demandé des renseignements complémentaires, envoyez-les par écrit à la date fixée. Vous construirez ainsi une relation de confiance avec vos interlocuteurs.

La proposition d'affaires n'est pas le BP, mais la conclusion de la demande que vous avez formulée à vos différents interlocuteurs. Il y a trois manières de présenter cette proposition d'affaires.

- La première est de l'inclure dans le BP version papier : elle décrit alors le type de contribution attendue du partenaire potentiel et formule des propositions concrètes sur un investissement en fonds propres par exemple, un investissement pour financer la recherche-développement (R&D) ou la participation aux efforts commerciaux. Elle sera également formulée à la fin de l'*executive summary*.
- La deuxième approche, qui est à privilégier, est de soumettre votre proposition d'affaires sous la forme d'une lettre distincte du BP. L'avantage est que le même BP pourra servir à aborder différents interlocuteurs simultanément avec des propositions différentes. Votre proposition d'affaires sera plus ou moins détaillée en fonction de votre situation et de votre négociation avec vos interlocuteurs.
- La troisième manière est complémentaire. Elle consiste à présenter cette demande à la fin de la présentation orale.

Pour être plus à l'aise lors de ces négociations finales, préparez-les en vous renseignant sur les habitudes de la profession pour des projets et des affaires similaires. Gardez toujours en tête les objectifs et les intérêts spécifiques de vos interlocuteurs. Déterminez quelle est la proposition minimale sur laquelle vous pouvez vous engager. Dans les premières étapes de la négociation, le créateur et son équipe peuvent négocier directement. Vers la fin de la négociation, se faire aider par un spécialiste ou un avocat s'avère une bonne pratique. Son rôle sera alors de soulever des questions formelles qui n'ont pas été évoquées précédemment, de veiller à la bonne application sur le plan juridique des clauses envisagées et de protéger vos intérêts. Il est également prudent et très recommandé de mettre en concurrence vos futurs partenaires pour déterminer celui qui vous offre le meilleur accord.

Conseil

Même à l'affût et ayant besoin de financement, ne signez pas un contrat qui ne vous donnerait pas au départ pleinement satisfaction. Rappelez-vous qu'un contrat est un acte volontaire entre deux parties au minimum et qu'il doit s'inscrire dans la durée. La confiance entre partenaires et la pérennité de l'entreprise sont à ce prix.

Conseil

Une clause d'exclusivité vous engagera définitivement avec un seul interlocuteur. Si vous le pouvez, évitez cette signature.

Pour conclure

Le BP est un processus de réflexion et de construction d'une nouvelle activité qui se traduit par un document écrit, synthétique et prospectif qui présente le projet de création. C'est tout d'abord un document de travail interne pour le créateur et son équipe mais il devient également un outil de communication. En conséquence, plusieurs versions seront nécessaires et sa rédaction doit être soignée.

Sa construction doit aider à répondre aux questions suivantes :

- Comment est né ce projet et comment a-t-il évolué ?
- Quels sont les avantages compétitifs décisifs, défendables et durables de l'offre proposée par la nouvelle entreprise par rapport à celle des concurrents déjà implantés sur le marché visé ?
- Qui sont les clients, qu'attendent-ils et quelle part de marché peut-on conquérir ?
- Quels sont les avantages technologiques maîtrisés par la nouvelle entreprise ?
- Quelles sont les compétences clés de l'équipe de création ? Comment l'entreprise sera-t-elle gérée ?
- Comment gagner de l'argent durablement avec ce projet ?
- Quels sont les besoins de financement et pour quelles retombées financières dans les trois années à venir ?
- Qui sont les possibles partenaires et qu'apporteront-ils ?
- Quels sont les choix stratégiques de l'entreprise à moyen terme ?

Chapitre 2
Élaborer son projet

Après avoir clarifié l'utilité de la construction et du document BP, son contenu, la manière de le rédiger, de le vendre et de le défendre, il convient de passer par une étape intermédiaire avant la construction même du BP. Cette étape, que l'on a nommée check-list, permet de prédéfinir les contours du projet et de récolter toutes les informations utiles pour la construction à venir.

Principes de la check-list

La check-list est en effet une étape importante dans le processus de construction totale du BP dans la mesure où elle va permettre au créateur de définir avec précision son **métier** et son **périmètre d'activité** et aussi de mettre en évidence tous les éléments qu'il doit maîtriser (les données « managériales »). Elle permet également de mettre en avant les éléments environnementaux sur lesquels la nouvelle entreprise n'a pas ou peu de marge de manœuvre mais qui sont néanmoins contraignants et donc à considérer.

Au-delà des informations qu'elle oblige à définir et à trouver, la check-list présente également un avantage supplémentaire : elle donne du temps, du recul et permet au créateur de réfléchir à son projet. Entre ses premières idées et le business plan qu'il doit rédiger pour assurer son installation effective, il passe ainsi par cette phase intermédiaire où il clarifie tout un ensemble de questions relatives à son métier (moyens à mettre en œuvre, spécificités, etc.), aux embauches nécessaires et aux charges qu'il va devoir supporter. Cette étape le remet en quelque sorte dans la réalité après les rêves des premières idées...

À noter

La check-list ne fait pas partie du document final BP, mais se veut une feuille de route qui accompagne le créateur pendant tout le processus de construction de son BP.

En effet, pour construire ce dernier de manière efficace, il est utile de s'appuyer sur de nombreuses données. Certaines sont des **données spécifiques et internes** à l'entreprise et d'autres sont des **données environnementales.** On regroupe toutes ces données dans cette check-list qui sera la transition entre les premières idées du créateur d'une part et la construction complète du BM et du BP ainsi que sa traduction financière d'autre part.

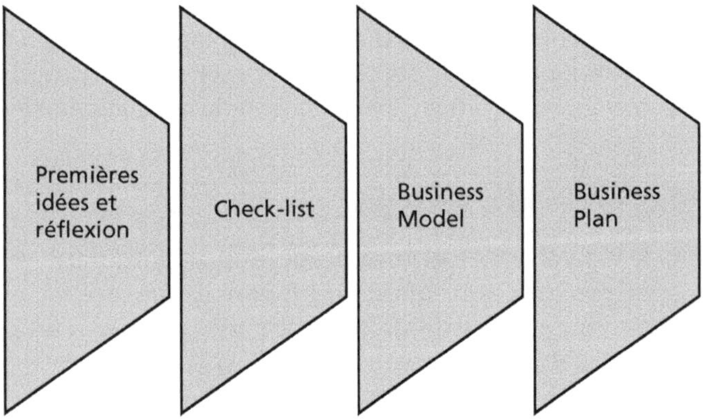

Figure 2.1 – Check-list : étape de réflexion

Ce chapitre analyse l'utilité et la composition de la check-list pour aider le créateur à mieux visualiser le **périmètre** de son activité et prévoir son **organisation** (ainsi que son mode de fonctionnement) selon la **nature de son projet** (industriel ou commercial). Le **moment opportun du démarrage** et donc de la prise en compte des dépenses et ressources sera également analysé pour chaque type d'entreprise.

La liste présentée ici n'est pas exhaustive car il existe toujours des cas particuliers qui requièrent des informations très pointues. Néanmoins, il s'agit d'une trame déjà très complète qui permet de se poser les bonnes questions avant de construire la partie financière du BP, même si d'autres questionnements pourront encore être ajoutés en fonction du périmètre et de la particularité de chaque projet.

Exemple

La création et l'ouverture d'un restaurant requièrent un aval des services d'hygiène et de sécurité, ainsi que la conformité des lieux selon les règles en vigueur qui s'appliquent aux locaux qui accueillent du public. Ces informations seront prises en compte et donc ajoutées dans la check-list car elles auront des incidences sur l'activité de ce restaurant (installation, aménagement, recrutement du personnel, etc.) et bien évidemment des répercussions financières.

Contenu de la check-list

Cette check-list est composée de deux séries de données :

- des données propres à l'entreprise que l'on appellera **données managériales** car elles sont maîtrisées par le créateur, en relation avec les spécificités du projet ;
- des **données environnementales** (d'ordre financier, économique ou juridique) sur lesquelles le créateur n'a pas ou peu de maîtrise.

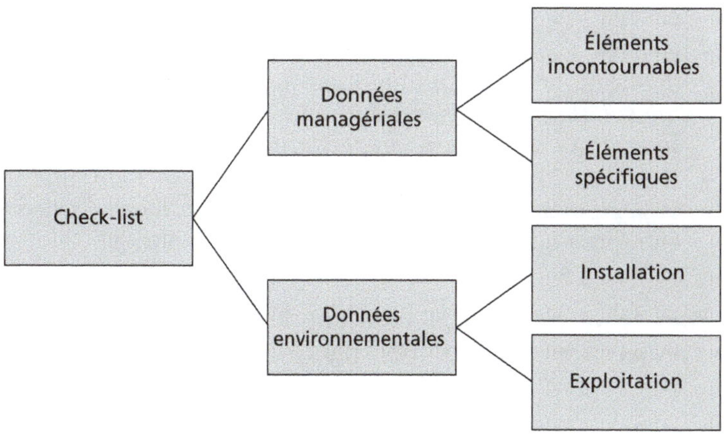

Figure 2.2 – Eléments de la Check-list

Données managériales

Les données managériales renvoient tout d'abord à la définition du **périmètre** de l'entreprise mais aussi à l'analyse de son **organisation.**

Ces données sont la résultante de la réflexion et de la décision du créateur et de son équipe quant à l'activité exacte et la dimension de la nouvelle entreprise. Avant toute chose, il est important de bien comprendre et définir avec précision sa future activité en termes de métier (on parlera de périmètre), d'organisation et de fonctionnement par rapport au type d'activité exercé.

Périmètre de l'entreprise

Le périmètre correspond au « métier » de l'entreprise (son « business »), c'est-à-dire à la fois ce qu'elle réalisera réellement elle-même et ce qu'elle choisira d'externaliser pour se concentrer sur son savoir-faire et être plus performante.

Conseil

Trop de créateurs veulent « tout faire ». Le manque de réflexion sur la spécificité du métier ou sur la valeur apportée aux futurs clients va les mettre en danger, et ce, pour plusieurs raisons.

- Tout d'abord, ils vont se heurter à un nombre plus important de concurrents qui sont spécialisés chacun sur une partie de l'activité et donc *a priori* plus efficaces que la nouvelle entreprise.
- Ensuite, les moyens de départ d'une nouvelle entreprise (humains, financiers, techniques, etc.) sont toujours limités et refuser de se spécialiser aboutira à un émiettement de ces ressources qui la rendra moins performante.
- Enfin, les clients visualiseront difficilement l'étendue du business et de l'offre et seront moins confiants dans cette jeune entreprise qui semble avoir « trop » d'ambitions.

Pour éviter cet écueil, il convient de définir le **périmètre** de son projet comme le montre la figure 2.3.

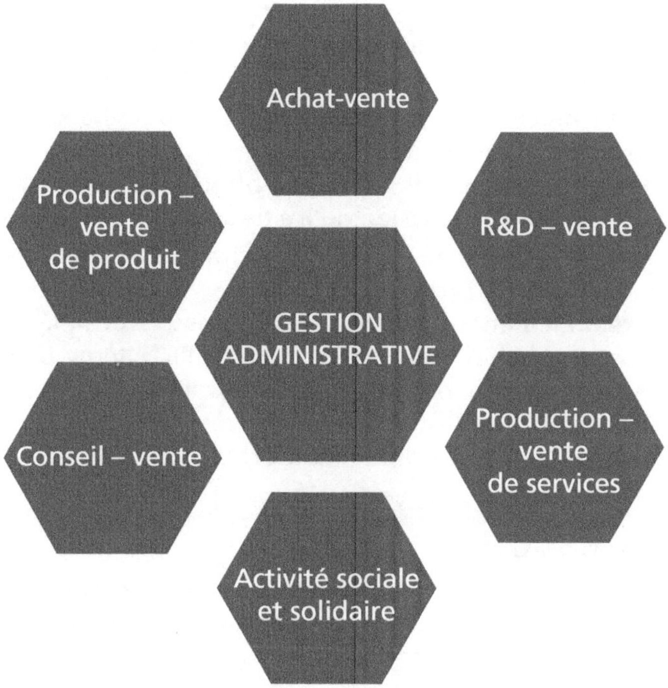

Figure 2.3 – Périmètre de la nouvelle entreprise

À partir de cette figure, on peut dégager des cas typiques d'entreprises, simples ou un peu plus complexes.

- Cas n° 1 : **Entreprise exerçant une seule activité** :
  - entreprise de production : production simple (mais sans R&D minimum, c'est difficile !) et vente (menuiserie, fabrication de composants électroniques, etc.) ; ou
  - entreprise commerciale : achat et vente (négoce de vêtements pour enfants, vente de matériel vidéo, etc.) ; ou
  - entreprise de services : production de services et vente (entreprise de nettoyage, réparation de matériel électronique, etc.).
- Cas n° 2 : **Entreprise combinant plusieurs activités** :
  - entreprise de production technologique : R&D, production et vente ou R&D, achat de composants, production et vente (production de pièces électroniques pour le secteur automobile, etc.) ; ou

– entreprise de services technologiques : R&D, achat de composants, production de services et vente (entreprise de conception et réalisation de logiciels, etc.).

À partir de ces cas typiques, le créateur définira son propre périmètre pour ajouter ou supprimer des activités et, en conséquence, aménager les rubriques présentées dans la checklist. Il dessinera ainsi la vision qu'il a de sa future entreprise.

Une fois le périmètre général défini, il est souhaitable d'être encore plus précis dans l'analyse de l'organisation et du fonctionnement de l'entreprise. L'ensemble des éléments suivants sera analysé sous l'angle de la réalité interne de l'entreprise et sous celui de la traduction financière de cette réalité. Le moment opportun du démarrage de l'entreprise renvoie également à cette traduction financière.

Analyse de l'organisation de l'entreprise selon son activité

L'analyse de l'organisation recouvre sa gestion administrative, mais aussi l'organisation de sa production, les achats, la recherche de partenaires et la mise en place de partenariats ainsi que la mise en œuvre de l'ensemble des moyens marketing. Selon le périmètre de l'entreprise, les aspects concernant la technologie et les partenariats seront plus ou moins détaillés. En revanche, les aspects concernant la gestion administrative et les moyens marketing sont importants à développer quelle que soit l'activité de l'entreprise.

L'entreprise doit être organisée par fonctions. Suivant sa taille, ces fonctions sont assurées par une personne (parfois pour les petites entreprises une personne assure plusieurs fonctions) ou par départements qui regroupent plusieurs personnes sous la direction d'un responsable. L'entreprise a aussi la possibilité d'externaliser un certain nombre de fonctions en les confiant à des personnes ou des entreprises spécialisées (comptabilité par exemple).

Par ailleurs, il est habituel de décomposer la vie de l'entreprise en deux étapes pour mieux en analyser le fonctionnement :

- la première étape est celle de l'**installation** de l'entreprise. Pendant cette période, l'entrepreneur met en place sa structure et organise la gestion administrative de l'entreprise ; c'est une période pendant laquelle il y a peu de revenus mais beaucoup de dépenses ;

- la deuxième étape est celle de la vie courante de l'entreprise – appelée **exploitation** – pendant laquelle l'entreprise vend ses produits et ses services et supporte des charges. C'est également pendant cette période que l'entreprise organise son développement pour assurer sa pérennité. Pour la construction du BP, on considère les trois premières années d'existence de la nouvelle entreprise.

Pour visualiser ces différentes étapes, la check-list doit donc prendre en compte d'une part l'**installation**, à savoir :

- les frais liés à l'installation de la nouvelle société ;
- les investissements de départ (achat de l'appareil de production, du matériel de bureau et informatique, etc.) ;
- les financements de départ ;
- les aides et subventions (appelées aides et subventions d'investissement) ;

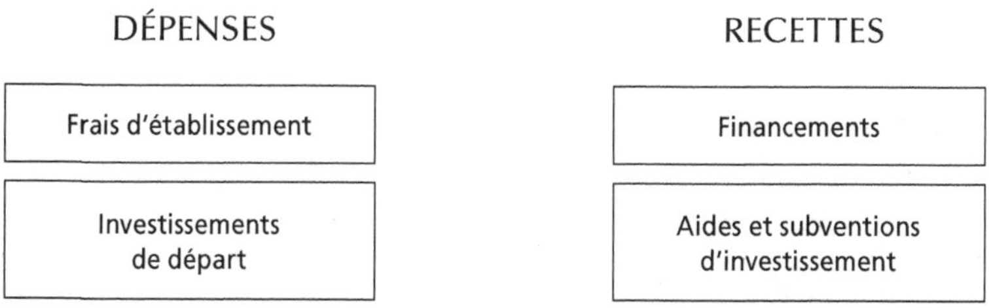

Figure 2.4 – Première phase : installation

Elle doit prendre en compte d'autre part l'**exploitation**, à savoir :

- les frais d'exploitation de la société (personnel, charges externes, etc.) ;
- les investissements futurs de la société ;
- les ventes des produits et services (produits d'exploitation) ;
- les aides et subventions d'exploitation.

DÉPENSES	RECETTES
Frais d'exploitation	Ventes
Personnel	Aides et subvention d'exploitation
Investissements futurs	

Figure 2.5 – Deuxième phase : exploitation

Cette deuxième période est cyclique et se reproduit chaque année.

Il est possible et même souhaitable d'analyser plus finement ces éléments de base en fonction de l'activité ou des activités exercées par la nouvelle entreprise (production, vente ou services). Le fonctionnement sera différent selon les cas, ce qui entraînera des coûts et des délais spécifiques.

Imaginer sa future entreprise revient à prendre en compte des **éléments incontournables**, c'est-à-dire nécessaires à toutes les entreprises quelles que soient leur taille et leur activité et des **éléments spécifiques** selon le type d'activité.

Éléments incontournables

Une réflexion et des choix sur ces éléments sont indispensables : il s'agit des locaux, des matériels et moyens, du personnel, de la gestion administrative, des partenariats, de la logistique et des moyens marketing.

■ Locaux

Suivant la nature de l'activité l'entreprise a besoin de locaux (boutique donnant sur la rue pour la vente au détail, emplacement pour la création d'un restaurant, lieu de production et de stockage des matières premières et des produits finis, bureaux pour l'entreprise de services et pour l'administration).

Cela peut se faire de cinq manières différentes.

Premier cas : l'achat du terrain, la construction et l'aménagement des locaux

C'est un procédé long qui retarde la mise sur le marché des produits et services et demande d'importants capitaux dès la création de l'entreprise, mais qui par contre donne accès à des crédits bancaires et augmente la valeur de l'entreprise. Les locaux ainsi construits font partie des investissements de la société et du point de vue comptable sont des immobilisations (biens qui restent d'une manière permanente dans la société).

Tableau 2.1 –Achat du terrain, construction, aménagement des locaux : investissements

Libellé	Montants		
	An 1	An 2	An 3
Terrains			
Construction			
Aménagement de locaux			
...			
...			

Deuxième cas : l'achat de locaux existants

C'est un procédé moins long que la construction, mais le temps d'aménagement est plus long. Comme pour le premier cas, les locaux font partie des investissements de la société et du point de vue comptable sont des immobilisations.

Tableau 2.2 –Achat de locaux existants : investissements

Libellé	Montants		
	An 1	An 2	An 3
Achats de locaux			
Aménagement de locaux			
...			

Troisième cas : la location des locaux

C'est le procédé le plus rapide, qui n'augmente pas la valeur de l'entreprise et demande peu de capitaux au départ. Par contre, l'entreprise doit payer une caution à la signature du contrat ainsi que des loyers. La caution fait partie des investissements tandis que le loyer fait partie des charges de l'entreprise.

Tableau 2.3a – Location des locaux : investissements

Libellé	Montants		
	An 1	An 2	An 3
Dépôts et cautionnements			

Tableau 2.3b – Location des locaux : charges externes

Libellé	Montants		
	An 1	An 2	An 3
Loyer site de production			
Loyer entrepôt			
Loyer bureaux			
...			

Quatrième cas : le crédit-bail

Une société spécialisée achète les locaux qui seront ensuite loués à l'entreprise, généralement avec option d'achat en fin de contrat.

Le crédit-bail immobilier permet un financement à 100 % du montant de l'investissement (sous réserve du paiement du premier loyer). Les loyers de crédit-bail font partie en totalité des charges déductibles pour l'entreprise et limitent son endettement apparent.

Tableau 2.4 –Crédit-bail : charges externes

Libellé	Montants		
	An 1	An 2	An 3
Crédit-bail immobilier			
...			

Cinquième cas : l'achat d'un fonds de commerce

Le fonds de commerce est l'ensemble des biens (matériel, stock, droit au bail...) que le commerçant achète pour reprendre une activité déjà existante. Il est composé de deux parties :

- des éléments corporels (stock marchandises, mobilier, etc.) ;
- des éléments incorporels (le droits au bail qui donne droit au renouvellement du bail, le nom commercial, les licences et autorisations pour l'exploitation, les brevets et la clientèle) ;

  mais :
- ne contient pas les locaux.

Tableau 2.5a – Achat d'un fonds de commerce : investissements

Libellé	Montants		
	An 1	An 2	An 3
Fonds de commerce			
Stock			
Matériel			
Dépôts et cautionnements*			
Achat immeuble**			
Frais d'enregistrement			
...			

* En cas de location
**En cas d'achat des murs

Tableau 2.5b – Achat d'un fonds de commerce : charges externes

Libellé	Montants		
	An 1	An 2	An 3
Loyer*			
Frais de transaction			

* En cas de location

■ Matériel et moyens

Le matériel mis à la disposition des employés peut être du matériel qui reste d'une manière permanente dans l'entreprise (ordinateurs, bureaux, etc.) ou du matériel à consommer (stylos, papier, etc.). Le premier peut être acheté (investissements) ou financé par le crédit-bail. Le second matériel est considéré comme des charges externes.

Premier cas : achat de matériel

Tableau 2.6a – Achat de matériel : investissements

INVESTISSEMENTS			
Libellé	Montants		
	An 1	An 2	An 3
Mobilier de bureau			
Matériel informatique			
Logiciels			
...			

Second cas : crédit-bail matériel

Tableau 2.6b – Crédit-bail matériel : charges externes

Libellé	Montants		
	An 1	An 2	An 3
Loyer crédit-bail			
...			

Tableau 2.7 – Achat de consommables : charges externes

Libellé	Montants		
	An 1	An 2	An 3
Fournitures administratives			
Documentation			
Maintenance, réparations			
...			

■ Personnel

Ce poste recense le personnel nécessaire pour le bon fonctionnement de l'entreprise. Pour chaque poste une description détaillée doit être faite, qui sera une aide pour le créateur afin de rechercher le meilleur profil. La rémunération et les autres avantages sont gérés par la convention collective du secteur d'activité de la société, convention que le créateur doit étudier attentivement pour être en règle et ne pas avoir de problèmes avec son personnel.

Ici aussi, nous avons deux solutions.

Un certain nombre de tâches peut être confié à des personnes ou des sociétés extérieures à l'entreprise (prestataires de service) ou à des intérimaires. Dans ce cas, ces personnes ne sont pas prises en compte dans le poste personnel de l'entreprise mais dans un poste spécifique de prestataires. Ils constituent des charges externes.

Premier cas : Personnel interne

Tableau 2.8 – Charges du personnel interne

Fonction	Salaire brut annuel		
	An 1	An 2	An 3
PDG			
Secrétaire			
Ingénieur			
Comptable*			
...			

* Dans le cas où le comptable fait partie du personnel.

Deuxième cas : externalisation du personnel

Tableau 2.9 – Charges du personnel externe

Libellé	Montants		
	An 1	An 2	An 3
Personnel intérimaire			
Avocat			
Comptable*			
Expert-comptable			
...			

* Dans le cas où le comptable ne fait pas partie du personnel.

■ Gestion administrative

Toute entreprise, quelle que soit la nature de son activité, a besoin de structures de base qui d'une part permettent d'assurer la **gestion courante** de l'entreprise et répondre aux obligations légales et administratives et d'autre part apportent leur **support** aux diverses fonctions de l'entreprise. Il convient d'assurer de bonnes conditions de travail à cette partie du personnel. Cette organisation est génératrice de dépenses qui doivent être prises en compte, ce que beaucoup de créateurs oublient.

La figure 2.6 illustre les besoins de l'entreprise et les coûts à prendre en compte.

Les coûts sont de deux types : **fixes** ou **variables** (connus sous le nom de charges fixes et charges variables pour la comptabilité).

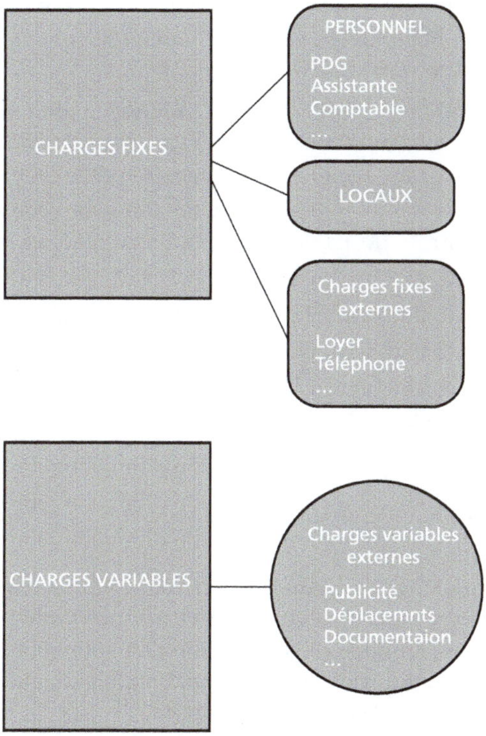

Figure 2.6 – Analyse de la gestion administrative de l'entreprise

- les **charges fixes** sont des dépenses qui sont réglées en une seule fois ou à intervalles réguliers quel que soit leur montant (la consommation électrique des bureaux est à payer tous les deux mois même si le montant varie à chaque facture) ;
- les **charges variables** sont des dépenses qui varient en fonction de l'activité de l'entreprise (la consommation d'électricité de la production, qui est à payer tous les deux mois, voit son montant varier en fonction de la production et donc des ventes).

■ Partenariats

Les partenaires font partie de l'activité de l'entreprise car leurs apports en termes de recherche, de distribution, d'approvisionnement ou de financement sont essentiels. Aussi, leur recherche fait partie de la construction du BP. Mais la recherche de partenaires industriels, commerciaux, nationaux ou internationaux est source de coûts spécifiques.

Cette recherche – comme la technologie – peut être faite en interne par l'affectation d'une partie du personnel à cette tâche, ou en externe en faisant appel à des cabinets spécialisés (se reporter également au chapitre 3 pour plus de détails). De plus, la conclusion de contrats de partenariats demande l'aide d'un certain nombre de spécialistes (avocats d'affaires, traducteurs etc.).

Il est possible de synthétiser ces informations, qui constituent des charges externes, de la manière suivante :

- Quels sont les coûts de la recherche de partenaires ?
- Quel est le coût de la signature des contrats ?
- Quel est le délai pour trouver ces partenaires et conclure ?

Conseil

Certains organismes peuvent vous aider dans ces recherches comme par exemple les Euro Info Centres pour une recherche de partenaires en Europe ou d'autres qui vous donneront des conseils et des contacts (BusinessFrance par exemple), mais une partie des coûts restera à la charge de l'entreprise.

Logistique

La planification logistique permet une optimisation des stocks de matières premières et de produits finis, diminuant ainsi les besoins financiers de l'entreprise.

Elle a pour but :

- une gestion économique des stocks pour éviter la rupture ;
- une réduction des stocks pour éviter le besoin de grandes surfaces d'entrepôts et les frais qui y sont liés ;
- une livraison rapide suivant les souhaits des clients ;
- un suivi de la qualité des produits et marchandises ;
- une traçabilité optimale.

La nature des produits et l'organisation des ventes (par Internet, en boutique, par l'intermédiaire de la grande distribution, etc.) influence la structuration de la logistique.

Ici aussi, nous avons deux solutions : la logistique peut être effectuée soit par des moyens propres (acquisition + charges externes), soit par l'intermédiaire d'une entreprise spécialisée.

Premier cas : acquisition des moyens de transport

Tableau 2.10a – Investissements

Libellé	Montants		
	An 1	An 2	An 3
Véhicules			

Tableau 2.10b – Charges externes

Libellé	Montants		
	An 1	An 2	An 3
Carburant			
Assurance			
Réparations			
...			

Second cas : externalisation des moyens de transport

Tableau 2.11 – Charges externes

Libellé	Montants		
	An 1	An 2	An 3
Frais de transport			
...			

■ Moyens marketing

Les éléments marketing pris en compte correspondent à quelques-uns des indicateurs et informations issus du plan marketing (comme il est détaillé dans le chapitre 3). Le plan marketing détaille les moyens à mettre en œuvre pour atteindre les clients, suite à l'étude de marché réalisée antérieurement.

Les moyens marketing à identifier et à chiffrer dans la check-list sont les suivants :

- politique de produit/service :
  - coût du développement des produits et services ;
- politique de prix :
  - niveau des prix par type de clientèle ;
  - remises offertes ;
  - tarification de fidélisation des clients ;
- politique de distribution ;
  - coût d'accès aux canaux de distribution ;
  - coûts annexes (en grande distribution par exemple, sur des marchés étrangers, etc.) ;
- politique de communication
  - coût des moyens de communication utilisés (publicité, promotion des ventes, relations publiques, documentation, etc.) ;
  - coût de la fidélisation des clients (communication d'entretien) ;
- personnel de vente.

L'entreprise doit s'appuyer sur des professionnels pour vendre ses produits, et le créateur devra choisir entre :

- une force de vente intégrée : des salariés qui travaillent en exclusivité pour lui et dans une relation de totale subordination juridique ;
- une force de vente externalisée : des commerciaux indépendants (agents commerciaux qui ne sont pas des salariés de l'entreprise, VRP exclusifs ou VRP multicartes, salariés de l'entreprise, qui travaillent exclusivement pour l'entreprise ou simultanément pour plusieurs sociétés, rémunérés avec un salaire fixe et/ou des commissions).

Tableau 2.12 – Rémunération du personnel commercial

Fonction	Salaire fixe	Pourcentage sur les ventes
Marketing		
Commercial 1		
Commercial 2		
VRP		
...		

Les paragraphes suivants détaillent le fonctionnement de l'entreprise selon son type d'activité. Ils donnent également l'ensemble des éléments spécifiques importants à analyser pour leur traduction financière.

Éléments spécifiques liés au type d'activité

Seront analysés les cas des entreprises de production, technologiques, commerciales et de services. En fonction de la dominante de son activité, le créateur pourra trouver les éléments déterminants pour lui.

■ Entreprise de production

Il est important de comprendre quelles sont l'originalité et les modalités des entreprises de production de biens et services ainsi que leur organisation (démarche qualité, matériel, etc.).

La meilleure manière d'illustrer ce domaine est de faire un schéma. La production peut être réalisée de plusieurs manières.

Tableau 2.13 – Production en propre et sous-traitance

<table>
<tr><th colspan="3">SOUS-TRAITANCE</th><th rowspan="4">PRODUCTION EN PROPRE</th></tr>
<tr><th colspan="2">Sous-traitance partielle</th><th>Sous-traitance totale</th></tr>
<tr><th>Sous-traitant 1</th><th>Sous-traitant 2</th><th>Sous-traitant 1</th></tr>
<tr><td colspan="2">Assemblage</td><td></td></tr>
</table>

Chaque type d'organisation de la production présente des avantages et des inconvénients.

Premier cas : production en propre

+	–
• Augmente la valeur de l'entreprise • Permet un meilleur contrôle des matières premières • Permet un meilleur contrôle de qualité des produits • Permet une flexibilité de la production • Garde la confidentialité sur le processus de fabrication • Donne accès à des aides publiques	• Demande un important investissement de départ • Implique un délai de mise sur le marché des produits assez long (le temps nécessaire pour la mise en place) • Demande l'embauche de personnel qualifié • Entraîne une restructuration lente et coûteuse

Deuxième cas : sous-traitance totale

+	–
• Peu d'investissement au départ • Le délai de mise sur le marché des produits est court (les sous-traitants ont déjà l'appareil de production) • L'embauche de personnel n'est pas nécessaire • Possibilité de changer de sous-traitant	• Pas d'aides publiques • Risque de piratage • Nécessité d'installer chez le sous-traitant une cellule de contrôle qualité • Peu de flexibilité

Troisième cas : sous-traitance partielle

+	–
• Peu d'investissement au départ (uniquement pour l'assemblage des produits) • Le délai de mise sur le marché des produits est court (les sous-traitants ont déjà l'appareil de production), mais plus long que celui de la sous-traitance totale • Possibilité de négociation des prix et des délais • Possibilité de changer de sous-traitant • En assurant l'assemblage des produits, leur qualité est assurée • Ainsi que la confidentialité du processus de production • Possibilité d'utilisation du label « made in France » si la chaîne d'assemblage s'y trouve	• Pas d'augmentation de la valeur de l'entreprise • L'embauche de personnel est nécessaire (assemblage) • Difficulté pour contrôler la qualité des matières premières • Difficulté d'accès à des aides publiques

Il n'y a donc pas de solution « idéale » : tout dépendra du type de produit et de production, des moyens du créateur, des risques acceptés (confidentialité, délais, etc.) et des gains attendus (gain de temps, financier, etc.).

Le planning de production sur les deux ou trois années est également bienvenu.

Il existe de nombreuses méthodes de **planification** dont le recours apparaît nécessaire en cas de grand projet industriel. Les plus connus sont ceux de PERT, le diagramme de Gantt (variante du PERT) et le diagramme de décomposition de produits (appelé également organigramme technique) :

- Le **diagramme de décomposition de produits** a pour objet l'identification des composants dont l'assemblage constituera le produit final. Il est très utile dans les cas où la production nécessite de nombreux produits intermédiaires pour aboutir au produit fini. Chaque niveau important de la production peut ainsi être décomposé en niveaux intermédiaires.
- Le **diagramme de PERT** intègre l'ensemble des activités avec leur liaison au temps. En effet, il peut être défini comme une représentation dans le temps de l'assemblage des produits intermédiaires. La représentation de ce diagramme présente le grand avantage d'indiquer le caractère séquentiel ou parallèle du projet, comme le montre la figure 2.7.

Si le processus de production est complexe, ce diagramme apportera un plus au lecteur dans le corps du BP. En revanche, si ces diagrammes ne vous apportent qu'une aide pour vous organiser en interne, ils ne figureront pas dans votre BP.

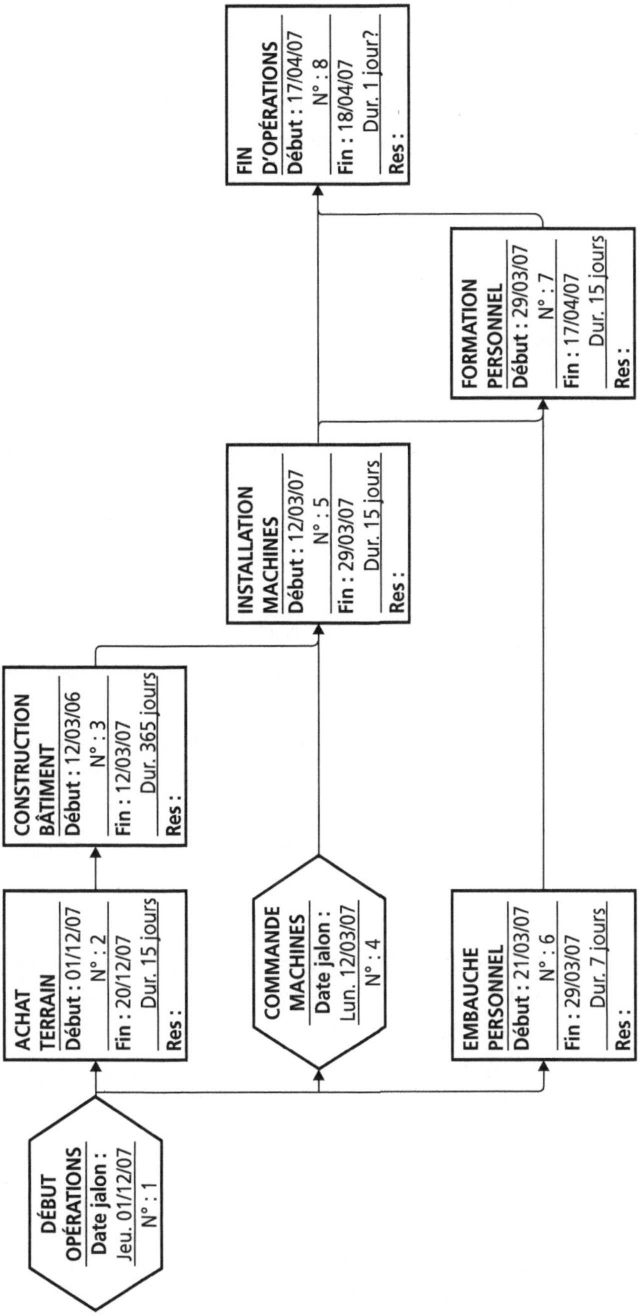

Figure 2.7 – Diagramme de PERT

Tous les documents techniques et financiers significatifs nécessaires pour compléter l'information générale sur la production seront fournis en annexe. Les choix des contrats de sous-traitance, d'accord de production ou de réalisation de la production en interne devront être éclairés.

La situation actuelle ainsi que les besoins futurs seront pris en compte séparément.

Situation actuelle

- Besoins d'équipement : local et emplacement (acquisition ou location, taille, prix au m2, possibilités d'extension, choix de ce type et lieu).
- Qualité de l'unité de production.
- Matériel : acquisition, location ou crédit-bail et coût.
- Organisation du travail et ordonnancement (nombre de personnel, statut, rémunération).
- Capacité de production en volume, en performance et en qualité.
- Choix de la sous-traitance de la production et coût.
- Stockage (organisation, capacité, type de produits stockés) et coût.
- Fournisseurs : noms, spécialités, tarifs, conditions de vente et d'approvisionnement, types de biens fournis et importance stratégique dans l'activité.
- Possibilité de retournement si problème avec le fournisseur principal.
- Niveaux de production attendus.
- Niveaux attendus de coûts directs et indirects (notamment en comparaison avec les coûts du secteur d'activité).
- Prix par produit ou ligne de produits.
- Production ou limites de capacité de l'usine, des équipes.
- Procédures d'achat et d'inventaire.
- Rythme et volume des innovations attendues.
- Contrôle de la qualité
- Coût d'acquisition de la technologie.
- Innovation produits et procédés de fabrication du projet (niveau de maîtrise, test complémentaire à effectuer...).

- Brevets déposés, activation de la protection et spécifications techniques, etc.

Besoins futurs

Dans les années à venir, quelles seront les dépenses à envisager pour assurer un bon niveau de production ?

- Nouvelles immobilisations à acquérir.
- Investissements futurs en équipement de production.
- Besoins en locaux.
- Besoins en stocks, etc.

La **qualité** est un facteur de compétitivité essentiel. Cet aspect est souvent insuffisamment traité alors qu'il est prioritaire. Des contrôles qualité sont à organiser. L'image de l'entreprise auprès des clients en dépend mais des retombées financières en découleront également, car la non-qualité ou la mauvaise qualité coûtent cher. Les interlocuteurs externes seront très sensibles aux informations touchant à la qualité. Les efforts et les dépenses déployés en vue d'obtenir une certification (norme ISO...) sont importants à préciser.

Chaque produit doit être analysé sous trois aspects : les moyens de production à mettre en œuvre, les composants et matières premières qui entrent dans la fabrication, et les délais nécessaires pour mettre les produits sur le marché.

Cette analyse permet de :

- établir la liste des machines nécessaires à la production ainsi que la partie des locaux nécessaire à cette production ;
- identifier les frais comme la recherche, l'achat ou le dépôt de brevets, les cautions, etc.

Ayant ainsi analysé la production, l'entrepreneur pourra dimensionner l'appareil de production (ensemble de toutes les machines) et établir un budget de R&D, d'achat de technologie et de dépôt de brevets. Il pourra alors décider le cas échéant de retarder la fabrication d'un ou plusieurs produits s'il manque fortement de financements. Il est conseillé de porter le détail de ces dépenses dans le BP financier pour pouvoir par la suite supprimer ou retarder le lancement d'un produit.

Moyens nécessaires par produit

Les informations concernant les moyens nécessaires pour la fabrication des produits définissent les investissements de départ à effectuer et mettent en évidence le financement dont il faudra disposer pour démarrer l'activité.

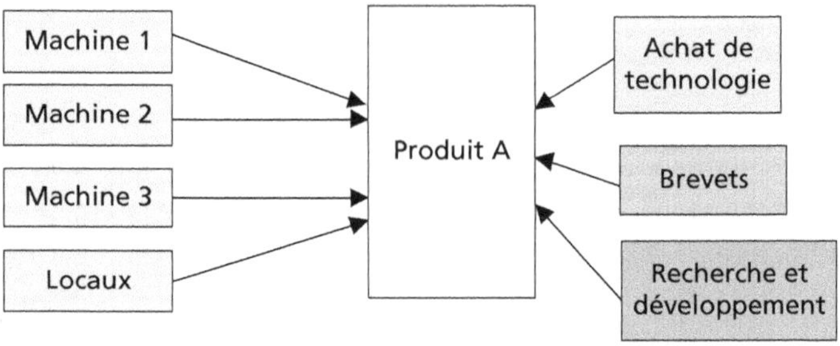

Figure 2.8 – Moyens de production

Dans la check-list, on retrouvera ces éléments dans les rubriques « investissements », « immobilisations » et « propriété industrielle » notamment relatives à la période d'installation.

Matières premières par produit

Les matières premières et différents composants qui entrent dans la fabrication des produits sont également à prendre en compte pour organiser la production. Ces informations regroupent :

- les achats de matières premières ;
- les charges qui peuvent être directement affectées à la fabrication (consommation d'énergie, personnel, location des locaux, etc.).

Conseil

Il convient de calculer les charges variables (matières premières, composants entrant dans la fabrication, consommations directement liées à la fabrication) en pourcentage du chiffre d'affaires par produit. Ainsi par la suite, en cas de modification du montant des ventes, les charges seront recalculées automatiquement. Cette méthode est très utile pour visualiser la corrélation qui existe, d'une part, entre les ventes et les achats de matières premières et, d'autre part, entre les ventes et les frais liés à la production (électricité, transports, etc.) qui doivent figurer dans la rubrique « charges externes ».

Timing de l'installation

Il s'agit du délai d'acquisition et de mise en route de l'appareil de production qui peut être représenté par la figure 2.9.

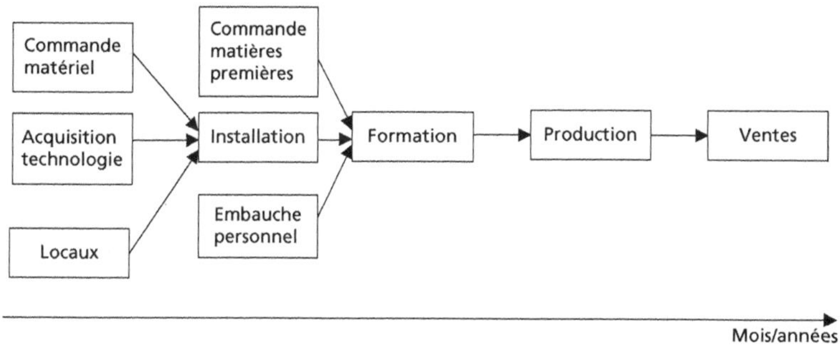

Figure 2.9 – Délai nécessaire pour la mise sur le marché dans le cas d'une entreprise de production

La figure 2.9 permet de visualiser le temps nécessaire entre la création de l'entreprise et les premières ventes. Cette analyse est très importante car elle met en évidence le fait que cette période est source de dépenses sans apporter de recettes à l'entreprise ; elle doit donc être financée par des capitaux, les capitaux de départ.

Conseil

Cette période peut s'avérer particulièrement longue dans le cas de projets technologiques où la recherche-développement se compte en années avant d'envisager une quelconque production (en biotechnologie par exemple mais aussi dans l'informatique, la création de jeux vidéo, etc.).

■ Entreprise technologique

Cette rubrique concerne particulièrement les entreprises technologiques et innovantes, mais également toutes celles qui veulent apporter des innovations mineures à leurs clients.

Rappel

Pour les entreprises non technologiques, cette rubrique ne sera pas abordée. Les innovations commerciales ou de services seront traitées avec les aspects marketing : ils concernent la largeur et la profondeur de l'offre ainsi que la gestion du portefeuille de produits et services.

Les entreprises technologiques et high-tech doivent parfois opérer pendant de longues années sans réaliser de bénéfice et même sans vendre pour assurer la recherche-développement. Les banquiers ne seront pas réceptifs à ce type de projet. Les investisseurs peuvent être des partenaires mais « l'histoire a intérêt à être belle ». Les prévisions financières seront plus longues pour montrer les débuts de la rentabilité. Les prévisions doivent être très documentées et argumentées, notamment sur :

- la position de l'entreprise sur son marché ;
- la qualité, la force, l'impact de la R&D ;
- les méthodes envisagées pour la protection industrielle, pour éviter l'obsolescence technologique ;
- la qualité du système d'information ;
- les éléments essentiels à acquérir (humains, matériels, immatériels) pour le maintien de la compétitivité de l'entreprise ;
- les capitaux de démarrage nécessaires et les capitaux pour assurer la croissance de l'entreprise ;
- etc.

Un des critères fréquemment utilisés dans l'évaluation des jeunes entreprises innovantes est le *burn rate*. Il désigne la vitesse de destruction des liquidités (souvent les fonds propres) d'une jeune entreprise innovante. Ainsi une entreprise qui a un *burn rate* mensuel de 50 000 euros et dispose de 100 000 euros de fonds propres pourra vivre deux mois. Cet indicateur est particulièrement critique tant que l'entreprise ne dégage pas de profits. Pour les investisseurs plus ce *burn rate* est élevé, plus l'activité est jugée risquée.

La survie d'une entreprise technologique est basée non seulement sur les acquis technologiques que l'entreprise possède au moment de sa création mais aussi sur un certain nombre d'autres facteurs à prendre en compte, notamment ceux relatifs aux **coûts** (personnel et organisation de la recherche) mais aussi aux **aides** (subventions d'équipement, d'exploitation) et à l'organisation de la production.

Les coûts

Concernant le personnel il convient de prendre en compte les éléments suivants :

- le coût d'« acquisition » de chercheurs (frais de cabinet de recrutement, prime d'embauche, prime de déplacement, participation éventuelle au capital de l'entreprise, intéressement au résultat, etc.) ;
- le montant des salaires et charges mensuels[1] à verser pour ce personnel.

Concernant la recherche, il convient de prendre en compte d'autres éléments tels que :

- le coût d'acquisition de la technologie (brevet, licence...) ;
- le coût de la veille technologique. Cette veille peut être faite en interne ce qui implique l'embauche de personnel qualifié et la mise à sa disposition de moyens nécessaires pour qu'il puisse effectuer le travail, ou en externe en faisant appel à des cabinets spécialisés.

Les avantages et aides

Pour ces deux types de dépenses de R&D, il convient de s'interroger sur la possibilité d'obtention d'aides et/ou de subventions mais aussi d'abattements consentis par l'État ; comme le crédit impôt recherche (CIR), ou d'avantages liés au statut de Jeune Entreprise Innovante (JEI) ou Jeune Entreprise Universitaire (JEU).

- **Le crédit impôt recherche (CIR)**

Peuvent en bénéficier les entreprises industrielles, commerciales, artisanales et agricoles, soumises à l'impôt sur le revenu et étant imposées d'après leur bénéfice réel (normal ou simplifié) :

1. Ce poste se retrouve également en charges de personnel. Son positionnement dans la rubrique Technologie permet d'en souligner l'importance et le montant.

- qui emploient moins de 250 salariés ;
- qui réalisent un chiffre d'affaires inférieur à 50 millions d'euros ou qui ont un total de bilan inférieur à 43 millions d'euros ;
- et qui engagent des dépenses d'innovation.

Les dépenses prises en compte sont les suivantes :

- dotations aux amortissements des biens et bâtiments affectées à la recherche ;
- dépenses de personnel concernant les chercheurs et techniciens de recherche (le salaire des jeunes docteurs est pris en compte pour le double de son montant pendant deux ans après leur embauche en CDI) ;
- rémunérations supplémentaires des salariés auteurs d'une invention ;
- dépenses de fonctionnement, fixées forfaitairement à 75 % des dotations aux amortissements et 50 % des dépenses de personnel (200 % pour les dépenses concernant les jeunes docteurs) ;
- dépenses de recherche externalisées, confiées à tout organisme public, université, fondation reconnue d'utilité publique, association de la loi de 1901 ayant pour fondateur et membre un organisme de recherche ou une université, dépenses retenues pour le double de leur montant (à condition qu'il n'existe pas de lien de dépendance entre l'organisme et l'entreprise) ;
- dépenses de recherche confiées à des organismes agréés par le ministère de la Recherche (limitées à trois fois le montant total des autres dépenses de recherche ouvrant droit au crédit d'impôt) ;
- frais de brevets ;
- dépenses de normalisation des produits de l'entreprise (pour 50 % du montant) ;
- dépenses de veille technologique (60 000 euros par an maximum) ;
- dépenses de nouvelles collections dans le secteur textile-habillement-cuir.

Le taux du CIR est de :

- 30 % pour les dépenses de R&D, jusqu'à 100 millions d'euros ;
- 5 % au-delà.

Le CIR est déterminé par année civile.

Se renseigner auprès des services des impôts et de Bpifrance.

- **Le statut de jeune entreprise innovante (JEI)**

Il s'applique depuis le 1er janvier 2004 aux entreprises de recherche-développement.

Toute entreprise existante au 1er janvier, quelle que soit sa forme juridique, peut prétendre à ce statut de JEI dès lors qu'elle remplit les conditions suivantes :

- avoir moins de huit années d'existence ;
- être réellement nouvelle ;
- employer moins de 250 personnes,
- réaliser un chiffre d'affaires inférieur à 50 millions d'euros (ou avoir un total de bilan inférieur à 43 millions d'euros) ;
- être indépendante c'est-à-dire que son capital ne doit pas être détenu à plus de 50 % ;
- réaliser à la clôture de chaque exercice des dépenses de R&D au moins égales à 15 % des charges totales.

Les charges de recherche-développement retenues qui ouvrent droit au crédit d'impôt sont des opérations de recherche fondamentale ou appliquée et des opérations de développement expérimental matériellement réalisées en France. On entend par « opérations de recherche » les travaux qui visent à accroître la somme des connaissances ainsi que l'utilisation de celles-ci pour de nouvelles applications. Ce sont par exemple des frais de défense des brevets, les dépenses de personnel de recherche, les frais de dépôt et de maintenance des brevets, les dotations aux amortissements des seules immobilisations directement affectées à la recherche et les dépenses confiées à des organismes publics de recherche, des universités ou des centres techniques, et les dépenses de normalisation. Sont en revanche exclues les dépenses de veille technologique et les dépenses d'élaboration de nouvelles collections des entreprises du secteur textile-habillement.

Les entreprises reconnues comme JEI bénéficient :

- d'une exonération des cotisations sociales patronales pour les personnels participant à la recherche pendant toute la durée de la situation ;
- d'une exonération totale d'impôt sur les bénéfices pour les résultats des trois premiers exercices bénéficiaires et application d'un abattement de 50 % au titre des deux exercices bénéficiaires suivants ;
- d'une exonération, pendant sept ans, sur délibération des collectivités locales, de contribution économique territoriale (CET) ;
- sous certaines conditions, d'une exonération des plus-values de cession de parts ou actions des JEI détenues par des personnes physiques ;
- de la restitution immédiate pour les jeunes entreprises innovantes de leur créance de crédit impôt recherche constatée pendant une année au cours de laquelle elles bénéficient de la qualification de jeune entreprise innovante.

Il est possible de cumuler les avantages de la JEI avec le crédit impôt recherche.

- **Le statut de jeune entreprise universitaire (JEU)**

Pour soutenir la création d'entreprise issue de l'enseignement supérieur, une entreprise peut prétendre à ce statut si elle remplit les conditions suivantes quel que soit son statut juridique :

- avoir moins de huit ans d'existence ;
- avoir pour activité principale la valorisation de travaux de recherche auxquels les dirigeants ou les associés ont participé ;
- ne pas avoir été créée dans le cadre d'une concentration, d'une restructuration, d'une extension d'activité préexistante ou d'une reprise ;
- employer moins de 250 personnes ;
- réaliser un chiffre d'affaires inférieur à 50 millions d'euros ou disposer d'un total de bilan inférieur à 43 millions d'euros ;
- être indépendante ;

– son capital doit être détenu pour plus de 50 % par des personnes physiques (directement ou indirectement *via* une PME détenue elle-même à 50 % au moins par des personnes physiques), par des associations ou fondations reconnues d'utilité publique à caractère scientifique, des établissements de recherche et d'enseignement et leurs filiales, des sociétés de capital-risque et d'autres structures d'investissement ;
– être dirigée ou détenue directement à hauteur de 10 % au moins de son capital, seuls ou conjointement, par : des étudiants, des personnes titulaires depuis moins de cinq ans d'un master ou d'un doctorat, des personnes affectées à des activités d'enseignement ou de recherche. Toutes ces personnes doivent avoir participé à des travaux de recherche quels qu'ils soient, au cours de leur scolarité ou dans l'exercice de leur fonction au sein d'un établissement d'enseignement supérieur habilité à délivrer un diplôme conférant au moins le grade de master. On entend par « travaux de recherche » les travaux de création mis en œuvre en vue d'accroître la somme des connaissances, ainsi que l'utilisation de ces connaissances pour de nouvelles applications.

Les projets qui peuvent bénéficier du statut de la JEU sont les suivants :
– la recherche fondamentale : analyse des propriétés et structures des phénomènes physiques et naturels en vue d'organiser les faits dégagés de cette analyse en théories interprétatives ;
– la recherche appliquée : discernement des applications possibles de la recherche fondamentale et construction d'un modèle (produit, service, méthodologie, processus) ;
– le développement expérimental effectué avec l'élaboration de prototypes ou d'installations pilote ;
– la construction d'un prototype ;
– la phase de faisabilité d'un projet de R&D ;
– la valorisation des travaux de recherche d'un établissement d'enseignement supérieur.

Avantages :

- exonération temporaire d'impôt sur les bénéfices pendant deux ans (exonération totale la première année et de 50 % la deuxième année) ;
- exonération de la CET pendant sept ans ;
- exonération des cotisations sociales patronales pendant la durée de la situation.

L'entreprise doit se déclarer aux services des impôts.

Par ailleurs, le crédit d'impôt pour la compétitivité et l'emploi (CICE) est destiné à l'ensemble des entreprises employant des salariés, imposées à l'impôt sur les sociétés (IS) ou à l'impôt sur le revenu (IR) d'après leur bénéfice réel, quels que soient le mode d'exploitation (entreprises individuelles – c'est-à-dire indépendants –, sociétés de personnes, sociétés de capitaux, etc.) et le secteur d'activité (agricole, artisanal, commercial, industriel, de services...).

Avantages :

- Le CICE permet de réaliser une économie d'impôt (6 % de la masse salariale). Les sociétés peuvent demander une avance sur ce crédit.

■ Entreprise commerciale

La création d'une entreprise commerciale est plus simple que celle d'une entreprise de production et moins consommatrice en temps.

Chaque produit doit être ici analysé sous deux aspects : les **coûts** supportés pour démarrer l'activité et les **délais** nécessaires pour la mise sur le marché.

Premier aspect : les coûts

Il est indispensable ici de prendre en compte l'ensemble des coûts que la nouvelle entreprise devra supporter pour exercer son activité dans de bonnes conditions (fig. 2.10).

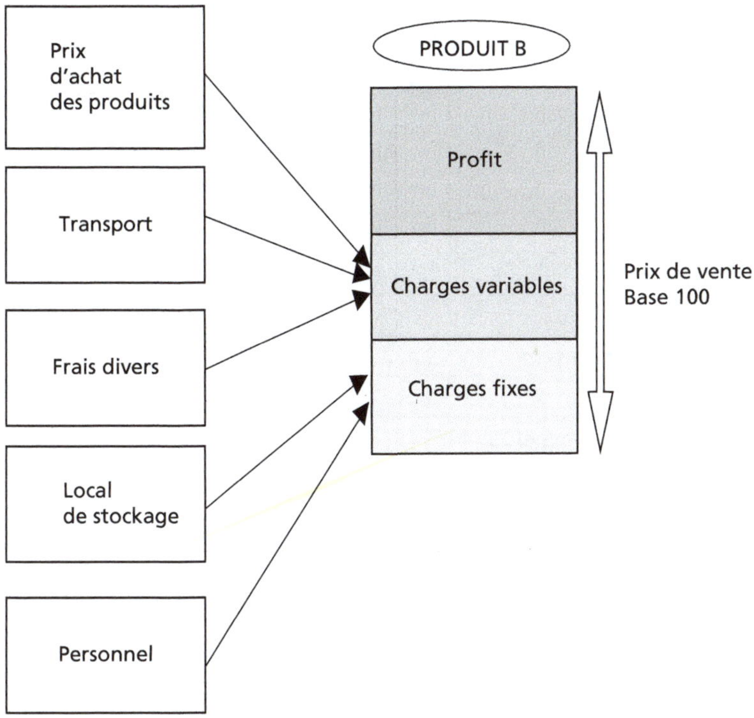

Figure 2.10 – Coûts supportés par une entreprise commerciale

Tableau 2.14a – Coûts supportés par une entreprise commerciale : investissements hors locaux

Libellé	Montants		
	An 1	An 2	An 3
Matériel de bureau			
Matériel informatique			
Logiciels			
...			

Tableau 2.14b – Coûts supportés par une entreprise commerciale : charges externes hors locaux

Libellé	Montants		
	An 1	An 2	An 3
Électricité			
Téléphone			
Déplacements			
Frais postaux			
Personnel intérimaire			
Publicité			
Représentant commercial			
...			

Tableau 2.14c – Coûts supportés par une entreprise commerciale : personnel

Fonction	Salaire brut annuel		
	An 1	An 2	An 3
Responsable			
Vendeur			
VRP			
Coursier			
...			

Second aspect : les délais

Le temps nécessaire pour la mise sur le marché de chaque produit est également à prendre en compte pour ce type d'entreprise.

Cette période est traditionnellement moins longue que dans le cas d'une entreprise de production, dans la mesure où la production n'est pas réalisée par l'entreprise mais externalisée. Sur la figure 2.11, la première recherche de fournisseurs (*via* Internet, les salons professionnels, etc.) a déjà été engagée. Il en est de même pour les clients. Ici, n'est pris en compte que le délai de formalisation des contrats avec les fournisseurs. Ce délai s'exprime donc généralement en semaines ou en mois pour embaucher le personnel nécessaire au démarrage, pour enregistrer les premières commandes et organiser les locaux.

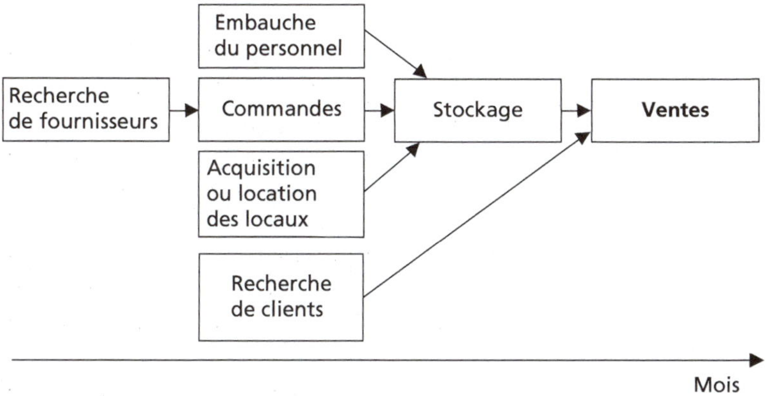

Figure 2.11 – Délai nécessaire pour la mise sur le marché dans le cas d'une entreprise commerciale

Les éléments suivants sont également à clarifier :

- l'image souhaitée de l'entreprise ;
- la localisation (visibilité optimale, facilité d'accès, etc.) ;
- les modalités de fixation des prix (en cohérence avec le marché et l'image) ;
- les modes d'approvisionnement et les coûts ;
- la politique de service au client ;
- la politique de communication : promotion (méthodes, coûts, participation à l'image), publicité, autres méthodes ;
- les modalités de paiement des clients (cash/crédit). Si le crédit est un avantage compétitif pour le client, il est nécessaire d'intégrer son coût dans le calcul du prix).

■ Entreprise de services

La création d'une entreprise de services est le cas le plus simple de tous les types de création d'entreprise et aussi le plus rapide.

Ces projets sont plus flexibles et demandent moins de capitaux que les projets industriels, mais les coûts de main-d'œuvre sont plus élevés.

Les éléments importants sont les suivants :

- les facteurs clés de succès pour ce type de service ;
- les prix pratiqués par les concurrents ;
- la méthode de fixation des prix des services proposés et les modalités de paiement des clients ;
- les conditions de production des services (sous-traitance ou non) ;
- la question de savoir si la sous-traitance permet de dégager un bénéfice supplémentaire ;
- les procédures de contrôle de la qualité (notamment par rapport aux standards de la profession) ;
- la mesure de la productivité du travail ;
- la stratégie pour fidéliser les clients ;
- le nombre et le rythme attendus des innovations ;
- etc.

Chaque service doit être étudié selon deux aspects : l'ensemble des **coûts** que la nouvelle entreprise doit supporter pour exercer son activité et le **délai** nécessaire pour la mise sur le marché des nouveaux services.

Premier aspect : les coûts

Il est indispensable ici de prendre en compte l'ensemble des coûts que la nouvelle entreprise devra supporter pour exercer son activité dans de bonnes conditions.

On retrouvera ces éléments dans la check-list, notamment dans la rubrique « Exploitation ».

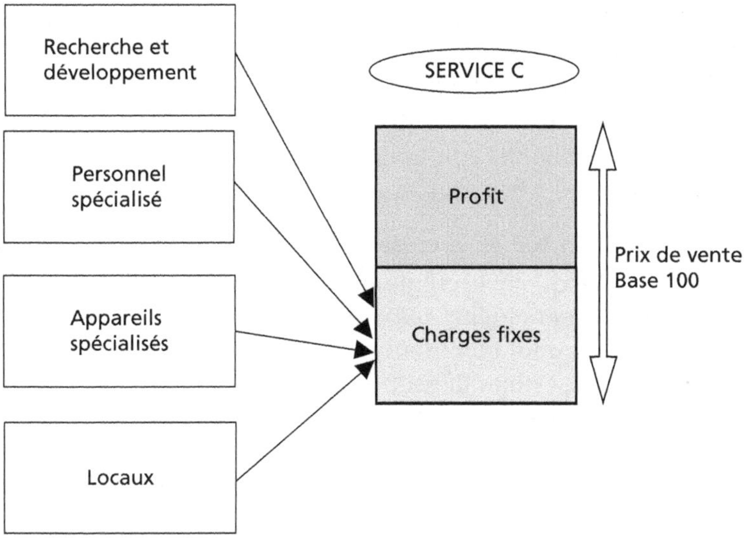

Figure 2.12 – Coûts supportés par une entreprise de service

Second aspect : les délais

Le temps nécessaire pour la mise sur le marché de chaque service est plus court que dans les autres cas de création.

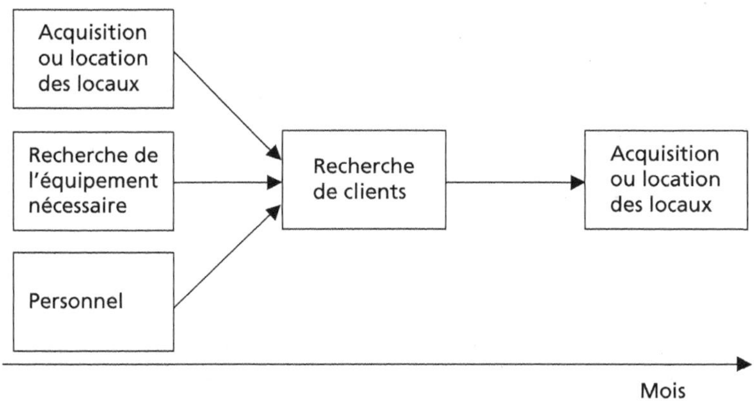

Figure 2.13 – Délai nécessaire pour la mise sur le marché dans le cas d'une entreprise de services

Cette période s'exprime le plus souvent en semaines ou en mois pour organiser les locaux, l'équipe et finaliser les commandes des clients approchés antérieurement. Bien évidemment, des exceptions existent lorsque les services demandent des mises au point technologiques importantes.

Enfin, le dernier point à traiter est celui du bon moment pour démarrer, en tenant compte des contraintes financières mais aussi du marché, et ce, quel que soit le projet.

■ Moment opportun de la création

La question à laquelle le créateur doit répondre est la suivante : quel est le moment idéal pour créer sa structure, c'est-à-dire le moment où on peut commencer à comptabiliser les dépenses et les recettes ? L'objectif est de ne pas démarrer trop tard par rapport au marché, ni trop tôt pour supporter des charges.

Pour répondre à cette question, il faut prendre en compte les éléments suivants qui correspondent aux différentes étapes qui séparent l'idée de départ de l'exploitation réelle de la nouvelle entreprise (voir figure 2.14).

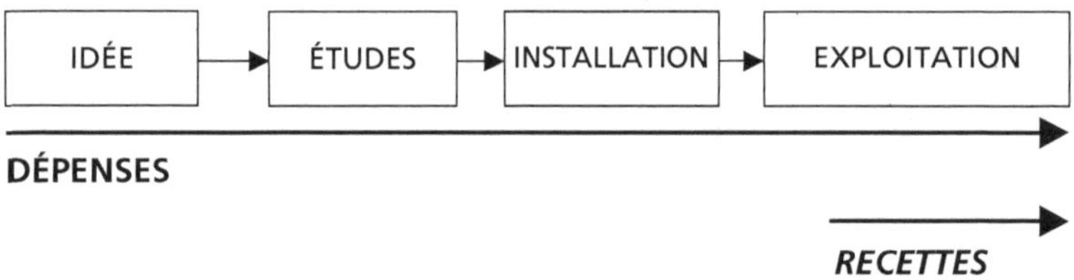

Figure 2.14 – Cheminement temporel de la création

Le créateur doit supporter des dépenses jusqu'au moment où les premiers clients règlent les premières commandes.

Conseil

Les dépenses faites pour le compte de la future entreprise (avant la création réelle) peuvent être incorporées dans les comptes de l'entreprise créée sous certaines conditions. Il n'est de ce fait pas obligatoire de créer la structure trop tôt. Certaines aides pourront également être obtenues « avant » la création de la structure, alors que d'autres ne pourront intervenir qu'après. Il convient de se renseigner très précisément auprès des organismes et institutions.

Ces dépenses sont principalement :

- les études préalables réalisées,
- l'installation de l'entreprise,
- la recherche des clients,
- le délai de paiement des clients.

En termes financiers, ce besoin d'argent pour financer les premiers pas de la société est appelé besoin en fonds de roulement (BFR).

Le BFR est encore plus conséquent lorsque les ventes sont saisonnières (voir chapitre 4) comme les cadeaux de Noël, les articles de plage, etc.

Saisonnalité des ventes

L'entreprise doit mettre sur le marché ses produits au moment où la demande existe (*just in time*). Il est donc opportun de prévoir la création de la future structure et de produire au bon moment.

Pour définir le moment idéal de la création de l'entreprise, on part de la date des ventes et on remonte dans le temps, comme l'illustre la figure 2.15.

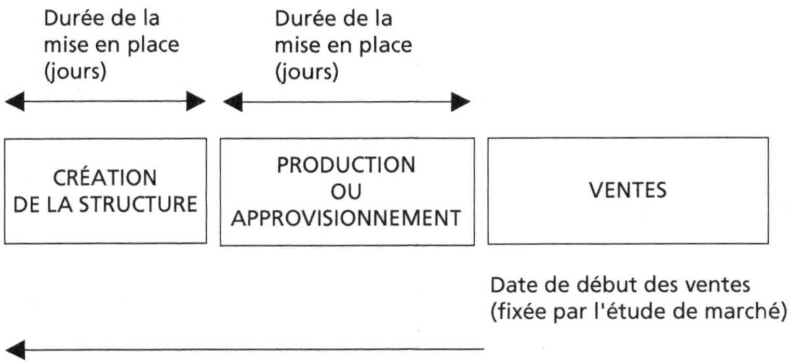

Figure 2.15 – Prise en compte de la saisonnalité des ventes

La partie des données managériales de la check-list peut maintenant être utilisée comme document de travail préalable à la construction de la partie financière du BP, sans oublier les données externes dites environnementales.

Données environnementales

Ces données concernent tous les éléments externes à la future entreprise que le créateur ne maîtrise pas.

La check-list des données environnementales peut aussi se décomposer en deux phases temporelles que sont l'**installation** et l'**exploitation** de l'entreprise. Cette distinction permet de mettre en évidence les types d'information à obtenir et les charges correspondantes.

L'objectif est de récolter des informations environnementales intéressantes (qui seront également utiles dans la réalisation de l'étude de marché). Pour ce faire, il convient d'organiser la recherche de ces informations par le biais de contacts professionnels, de sources documentaires ou le recours à des sociétés spécialisées. Les contacts professionnels (ou experts) sont des partenaires potentiels de votre future entreprise dont l'opinion et les connaissances sont essentielles pour éclairer votre analyse. Les fournisseurs, les distributeurs, les utilisateurs et tous les experts du secteur doivent être consultés.

Il convient d'utiliser également les sources documentaires qui sont très nombreuses et le plus souvent gratuites ou peu coûteuses mais peut-être moins en relation directe avec votre projet. Dans cette catégorie, on trouve les rapports annuels des sociétés, les études économiques, financières et sectorielles, les études et plans, les publications des chambres syndicales et associations professionnelles, les annuaires d'entreprise ainsi que toutes les études que l'on peut trouver sur le Web. Il est également possible de faire appel à des sociétés spécialisées dans la veille, dans la pige publicitaire ou dans la réalisation de parties de votre étude. Ces sociétés vous factureront leurs services qui constitueront des charges de démarrage : à vous de voir si elles vous apportent de la valeur (information pertinente, gain de temps, etc.) ou si elles semblent superflues. À vous d'évaluer et de contrôler la valeur ajoutée de ces services. De plus vous devrez expliquer clairement à ces sociétés ce que vous désirez exactement pour la bonne réalisation des services et vous devrez en permanence contrôler leur avancement.

Conseil

Sauf cas particulier (technologies très pointues, étude d'un pays éloigné, étude d'une clientèle très sophistiquée ou difficilement atteignable), votre intérêt est toujours de choisir une société spécialisée de petite taille dans laquelle vous trouverez un interlocuteur privilégié qui suivra personnellement votre dossier et avec lequel votre dialogue sera facilité.

Installation

Cette partie de la check-list recense toutes les informations environnementales qui concernent l'installation de l'entreprise, comme le montrent les tableaux suivants.

Tableau 2.15 – Type d'amortissement des immobilisations (linéaire, régressif)

Type d'immobilisation	Type d'amortissement	Durée	Taux
Immeubles			
Meubles			

Les amortissements

Pourquoi amortir les immobilisations ?

L'amortissement correspond à la perte de la valeur des immobilisations. Il doit permettre l'étalement du coût de revient dans le temps, au fur et à mesure de la dépréciation du bien.

Attention : certaines immobilisations ne sont pas amortissables ! (par exemple, les terrains).

Les conditions suivantes sont à réunir pour amortir :

- Ne peuvent être amorties que les immobilisations corporelles ou incorporelles, c'est-à-dire les biens destinés à rester durablement dans l'entreprise.
- Les immobilisations doivent être inscrites à l'actif du bilan.

- Le bien doit se déprécier par l'usure ou le temps.

  Les immobilisations amortissables sont les suivantes :
- incorporelles :
  - frais d'établissement (sur cinq ans),
  - frais de recherche (sur cinq ans),
  - brevets, licences (sur cinq ans),
  - fonds de commerce,
  - droit au bail,
  - frais de constitution,
  - marques ;
- corporelles :
  - constructions (20 à 50 ans),
  - installations techniques (5 à 10 ans),
  - agencements, aménagements (10 à 20 ans),
  - matériel de transport (4 à 5 ans),
  - matériel de bureau, mobilier (5 à 10 ans),
  - micro-ordinateurs (3 ans).

  Les immobilisations non amortissables sont les suivantes :
  - corporelles,
  - terrains,
  - œuvres artistiques.

Les modalités d'amortissement

Pour prendre en compte leur dépréciation, on peut amortir ces biens de deux manières différentes.

- L'amortissement linéaire

On évalue la dépréciation par le même montant tout au long de la période d'utilisation du bien.

Cette annuité est calculée en appliquant au prix de revient le taux d'amortissement déterminé en fonction de la durée d'utilisation du bien.

- L'amortissement dégressif

Le système dégressif consiste à pratiquer des annuités d'amortissement plus importantes les premières années afin d'encourager les entreprises à investir.

Il peut être appliqué à des biens amortissables qui ont une durée d'utilisation d'au moins trois ans.

Le taux de l'amortissement dégressif s'obtient en multipliant le taux de l'amortissement linéaire par un coefficient qui varie selon la durée normale d'utilisation du bien :

- durée normale d'utilisation égale à 3 ou 4 ans : 1,25 % ;
- durée normale d'utilisation égale à 5 ou 6 ans : 1,75 % ;
- durée normale d'utilisation supérieure à 6 ans : 2,25 %.

Tableau 2.16 – Aides et subvention d'investissement

Poste	Base de calcul	Montant ou pourcentage	Durée
Région			
Incubateur			
Prêt d'honneur			
...			

Tableau 2.17 – Propriété industrielle

Montant	Coût de dépôt	Charge annuelle	Zone de protection
Marque			
Brevet			
Logo			
Dessin & modèle			
...			

Suivant la nature de la société, il convient de dresser le tableau des obligations légales (voir tableau 2.18.).

Tableau 2.18 – Types de sociétés

Nature	Nombre d'actionnaires (minimum)	Capital social minimal	Délai de libération du capital	Taux minimal du capital libéré lors de la création
SARL				
EURL				
SA				
SAS				
...				

Tableau 2.19 – Formalités, intervenants, délais et frais d'enregistrement

Autorité/Intervenant	Délai (jours)	Montant
Avocat		
Notaire		
Chambre de commerce (CFE)		
Préfecture		
Mairie		
Sécurité sociale		
Services des impôts		
...		

Tableau 2.20 – Cautions (immobilisations financières)

Poste	Montant
Cautions pour la location (matériel, locaux)	
Électricité	
Téléphone	
...	

Exploitation

Cette seconde partie de la check-list recense toutes les informations environnementales qui concernent l'exploitation de la nouvelle entreprise, comme le montrent les tableaux suivants.

Tableau 2.21 – Banque

Poste	Taux
Taux de découvert	
Taux de placement	
Taux de compte courant	
Taux d'emprunt à CT	
Taux d'emprunt à MT-LT	
…	

Tableau 2.22 – Crédit-bail

Type	Taux	Périodicité de paiement	Paiement en avance ou terme échu
Automobile			
Machines			
Photocopieuse			
…			

Tableau 2.23 – Aides et subventions d'exploitation

Poste	Base de calcul	Montant ou pourcentage	Durée
Pôle Emploi			
Bpifrance			
…			

Tableau 2.24 – Charges sociales

Poste	Taux	Dates de paiement
Charges patronales		
Charges salariales		
...		

Tableau 2.25 – Délai de règlement client (par type)

Type client	Délai (jours)
Grossiste (BtoB)	
Particulier (BtoC)	
...	

Tableau 2.26 – Délai de paiement fournisseurs matières premières – marchandises

Type fournisseur	Délai (jours)
Matières premières	
Composants	
...	

Tableau 2.27 – Impôts et taxes fiscales

Poste	Base de calcul	Taux	Date(s) de paiement
Impôt sur les bénéfices			
Taux spéciaux (PME)			
TVA			
...			

Tableau 2.28 – Autres taxes parafiscales

Poste	Base de calcul	Taux	Date(s) de paiement
Cotisation foncière des entreprises CFE			
Taxe d'apprentissage			
Taxe foncière			
Formation continue			
Participation des employeurs à l'effort de construction			
Taxe sur les salaires			
Taxe sur les véhicules de tourisme des sociétés			
...			

Tableau 2.29 – Exonérations ou baisse d'impôts et taxes fiscales

Poste	Base de calcul	Taux	Période
JEI			
JEU			
...			

Pour conclure

Il convient tout d'abord de faire quelques mises en garde :

- Il est essentiel de ne pas surestimer les capacités du créateur. Même dynamisé par l'aventure qu'il est en train de vivre, il reste un être humain avec toutes ses compétences et ses faiblesses et les journées, même pour lui, ont une durée limitée.
- Par ailleurs, il n'est pas forcément rompu avec les techniques de gestion. Pour cette raison, il ne doit pas hésiter à faire appel à des spécialistes extérieurs, même s'il considère, *a priori*, que ce sont des dépenses non nécessaires et coûteuses ! Ainsi,

un contrat « mal ficelé » avec un fournisseur, un client ou même un salarié peut coûter très cher par la suite.

- De même, s'il a des associés, ne pas négliger de rédiger des « job descriptions » qui décriront en détail les tâches du créateur et de ses associés. Le créateur ne peut être à la fois chercheur, négociateur de contrats, représentant de son entreprise et PDG ! Si le créateur est seul, la même remarque vaut également pour la répartition des tâches avec son/ses premier(s) salarié(s) de confiance.

Ensuite, l'apport de la check-list est important en termes de qualité d'information à obtenir et de gain de temps pour la suite du projet. La construction du business plan est maintenant possible et la partie 2 lui est entièrement consacrée.

Partie 2
Business Plan : construction par étapes

Un Business Plan est un document complet qui regroupe à la fois du texte pour présenter le projet et sa traduction en termes financiers. Le texte doit permettre au lecteur de répondre à toutes ses interrogations avant de donner sa réponse en termes d'accord de financement, de partenariat, ou autre. La rédaction est importante et la lecture de ce document doit être fluide et cohérente. La présentation sera aussi évaluée. Par ailleurs, il convient de ne jamais oublier que les lecteurs professionnels du BP (sociétés d'investissement, banquiers, organismes d'aides, fournisseurs) attendent chacun des éléments particuliers qu'il conviendra de mettre en évidence. Un contrôle permanent de la cohérence des affirmations apportées devra être systématiquement fait : c'est la raison pour laquelle faire relire son BP par son associé ou par une personne de confiance est essentiel. Ce lecteur aura du recul et permettra d'éviter des incohérences manifestes qui n'échapperont pas ensuite au lecteur professionnel.

Au-delà du fait de pouvoir présenter un document fini à ses interlocuteurs, internes ou extérieurs à l'entreprise, le **processus de construction** est primordial. Cette construction demande du temps et surtout nécessite de reprendre en permanence les points importants. Ceux qui ont pris le temps de le faire systématiquement et correctement ne l'ont pas regretté. Enfin, il est important de garder toutes les sources d'information utilisées ainsi que tous les éléments financiers tout au long de la construction du BP.

Le chapitre 3 est consacré à la construction du Business Plan par étapes, alors que le chapitre 4 explique et commente la construction des documents financiers à partir de l'exemple de la société **Décorateurs & Co**. Entre le texte et les chiffres, un dialogue permanent doit s'instaurer et en conséquence des allers et retours sont à encourager, comme par exemple entre le dimensionnement de l'outil de production et la cible de marché visée ou entre les prévisions de marché initiales et le calcul du résultat.

Il sera présenté ici la construction du Business Plan pour une entreprise en création. Les fondamentaux de la démarche sont les mêmes pour une reprise d'entreprise, où on tiendra compte de son passé au niveau des moyens et des calculs financiers, ou pour le développement d'une jeune entreprise où, à chaque étape, et notamment lors des demandes de financement supplémentaires (second tour de table), un nouveau BP sera nécessaire. De même, dans le cas d'une création dans plusieurs pays simultanément, la démarche reste identique même si l'étude de marché devra être réalisée sur chaque marché étranger et la traduction financière être détaillée pays par pays pour permettre au créateur de piloter finement ses différentes installations.

Chapitre 3
Première étape : la construction du Business Plan

Dans ce chapitre, nous passerons en revue tous les items nécessaires à la construction du business plan, dans l'ordre où ils doivent figurer dans le document final. En même temps, les modalités d'analyse de de construction de ces items seront explicitées avec des conseils et des exemples.

Rappelons que le principal est le processus de construction du BP, qui doit se traduire par la rédaction d'un document en termes simples et clairs, suivant notre présentation :

- l'*executive summary* ;
- le créateur et l'historique du projet ;
- le projet ;
- la technologie ;
- le business model ;
- les moyens à mettre en œuvre ;
- les aspects juridiques ;
- le budget prévisionnel ;
- les perspectives d'avenir ;
- les annexes :

– CV des créateurs,
– documents importants,
– annexes financières supplémentaires.

La page de garde

Elle doit préciser le nom de l'entreprise, ainsi que sa structure juridique et son lieu d'implantation (s'ils sont connus). Si vous avez un logo, faites-le figurer en première page de votre business plan et reproduisez-le sur toutes les pages suivantes en version réduite. La mention « Confidentiel » peut également être apposée sur la page de garde (et aussi en pied de page sur tout le document).

L'executive summary

C'est le résumé stratégique de votre projet : il comporte tout ce que vous pourriez dire d'essentiel pendant un entretien de deux minutes (*elevator pitch*). Avant de rentrer dans les détails notamment techniques, l'interlocuteur doit comprendre le sens du projet et son périmètre.

Ne reprenez ici que les « fondamentaux » de votre projet :

- vous ;
- vos produits ou services (brève description de l'activité envisagée) ;
- vos avantages compétitifs ;
- vos clients ;
- vos objectifs et la manière de les atteindre ;
- les acteurs de votre future entreprise ;
- votre stade de développement technique et votre degré d'avancement du projet ;
- vos prévisions financières et notamment la rentabilité ;
- les perspectives d'avenir de votre marché et de votre business.

L'*executive summary* est découpé en plusieurs paragraphes de trois à cinq lignes chacun. Chaque paragraphe met en avant les principales conclusions ou points déterminants de chaque partie du BP.

Maîtrisez le style et le graphisme pour faire ressortir au mieux les informations essentielles. La forme compte autant que le texte !

En moyenne, les investisseurs consacrent moins de trois minutes à lire l'*executive summary* avant de décider s'ils continuent la lecture de tout le BP ou non.

La rédaction doit être professionnelle, enthousiaste, complète et concise. Vous avez une page (au maximum deux) pour tout expliquer. Reportez-vous aux conseils de rédaction donnés dans le chapitre 1 et entraînez-vous en réalisant plusieurs *elevator pitchs* d'une, deux et cinq minutes.

Rédigez l'*executive summary* en dernier, lorsque votre BP sera complet et cohérent. Faites-le relire par plusieurs personnes de confiance connaissant et ne connaissant pas votre domaine de compétences pour vérifier sa compréhension à la fois par des spécialistes et des non-spécialistes. Prenez toujours du recul.

Dans votre rétroplanning, gardez une semaine pour finaliser votre *executive summary*. C'est le texte qui ouvre les serrures !

Attention

C'est LA page d'entrée dans votre aventure de création !

Dans la réalité, chaque lecteur (banquier, *business angel*...) lira l'*executive summary* et la partie du BP qui l'intéresse le plus. Sachant cela, le ton doit être alerte et « vendeur » : il faut donner envie au lecteur d'aller plus loin.

Si le lecteur à qui vous le destinez ne comprend pas bien, a l'impression de lire un texte non argumenté ou d'avoir déjà lu des propos similaires (cas des projets qui sont « tendance »), il n'ira pas plus loin et l'objectif ne sera pas du tout atteint.

La première conséquence consistera en un rejet pur et simple du dossier (sans lecture plus complète) pour des raisons aussi variées que : « *executive summary* incompréhensible », « aucune valeur apportée par rapport à la concurrence », « projet maintes fois lu » ou « rentabilité tout à fait incertaine ».

L'argument « *executive summary* incompréhensible » est malheureusement souvent le fait de projets technologiques de grande valeur qui concernent des niches de marché mais sont parfaitement incompréhensibles pour les non-spécialistes.

Exemple d'Executive summary

Mon projet MP

MP est l'histoire de trois jeunes spécialistes de ... qui ont découvert ...

MP est une réponse nouvelle au problème très fréquent de ... Cette réponse consiste en ... et offrira ... avantage compétitif.

MP vise le marché des ...

Pour fonctionner, MP s'appuiera sur les moyens essentiels suivants : ...

MP atteindra un chiffre d'affaires de ... la première année, avec une rentabilité de ... en année 3.

MP sera dans trois ans le n° 2 du marché des ... en ... et, pour ce faire, nécessite un financement extérieur de ... euros.

Conseil

Si vous recherchez du financement, indiquez précisément combien vous recherchez, comment vous allez l'utiliser, pour quelles raisons ces fonds sont absolument nécessaires pour démarrer votre business, et enfin de quelle manière vous allez assurer le remboursement de ces fonds.

Six erreurs à éviter

- Dépasser deux pages.
- Mettre une plaquette commerciale.
- Survendre le projet.
- Oublier son équipe (au sens large).
- Utiliser un jargon trop technique.
- Oublier d'indiquer les besoins en financement.

C'est LA page la plus difficile à rédiger. Aussi, travaillez-la et retravaillez-la plusieurs fois. Faites-la relire.

Pour vous aider, vous pouvez regarder sur Internet des présentations orales courtes de BP qui se rapprochent le plus de l'*Executive summary*.

Vous pouvez également assister à des séances de présentation orale de BP pour vous faire votre propre jugement avec l'exercice suivant : Quels sont les arguments positifs présentés ? Quels sont les arguments mal présentés ? Y a-t-il une partie que je n'ai pas comprise ? Quelles sont les idées que je garde pour ma propre présentation ?

Le Créateur et l'historique du projet

Dans cette partie, il convient de montrer la qualité du créateur ainsi que celle des femmes et des hommes qui composent l'équipe restreinte de départ et le réseau constitué autour du projet ; c'est ce que l'on appelle l'adéquation homme/projet.

Exemple d'adéquation homme/projet

Le créateur de BigMeUp a découvert, pendant ses quinze années d'activité dans une grande entreprise, que les chefs d'entreprise ont des besoins ponctuels de personnel mais n'ont pas la solution idéale, en dehors de l'intérim ou des CDD. Par ailleurs, les étudiants préfèrent avoir des petits boulots en relation avec leurs études et les retraités experts préfèrent continuer dans leur secteur, etc.

Grâce à l'essaimage de son entreprise, il a pu créer « l'outil manquant » dans l'ouest de la France qui rapproche les demandeurs et les offreurs.

L'adéquation homme/projet renvoie à différents éléments comme vos compétences, vos origines et expériences, l'origine du projet, votre entourage et vos soutiens ainsi que votre vision.

Vos compétences

Les compétences individuelles du créateur et/ou de l'équipe de création sont à indiquer dans ce paragraphe. Les compétences peuvent être liées au domaine commercial, technique, de la production, de la R&D, de la négociation ou du management des équipes, par exemple. Mais elles peuvent également renvoyer à vos traits de personnalité, motivations, objectifs ou contraintes personnelles.

La cohérence recherchée portera principalement sur les compétences essentielles pour le projet. On peut citer par exemple des compétences de paysagiste pour un projet d'aménagement/urbanisme, des compétences digitales pour un projet de e-commerce par exemple. L'équipe idéale de trois créateurs comprend systématiquement un commercial et un financier. La troisième personne peut être ingénieur, stratège, artiste ou spécialiste de l'international en fonction du projet.

Pour rédiger ces lignes il est important de bien se connaître. Si le créateur est seul, il fera relire ce passage par une personne de confiance qui le connaît bien. Dans le cas d'une équipe de créateurs, une solution est de faire écrire ces lignes par une autre personne de l'équipe et *vice versa*. Cette méthode permet d'améliorer la connaissance des uns par les autres. En effet rédiger ses propres points forts mais également ses points faibles n'est pas si simple. Les traits de personnalité et les méthodes de travail seront également précisés.

Vos origines et expériences

L'origine du créateur permet de se faire une idée plus précise de la valeur de l'équipe. La formation et la cohérence de l'expérience du futur dirigeant (et de sa petite équipe) avec l'objet de la création seront des informations précieuses.

Exemple

> Le créateur de la société Vipamat se retrouve handicapé. Il souhaite alors permettre aux personnes à mobilité réduite de pratiquer des activités de loisirs nautiques en imaginant un fauteuil sûr, pratique et élégant qui ne fasse pas « médical ». Avec des amis orthopédistes et kinésithérapeutes, ils ont travaillé pendant quatre ans à la conception de l'« Hippocampe », premier de la gamme de fauteuils roulants de plage avant de créer leur société dans le Morbihan en juillet 2002 et d'obtenir de nombreux prix et partenariats spécifiques.

Un point spécial traitera de l'expérience antérieure de chacun des membres de l'équipe si cette expérience est en relation avec le projet actuel ou si elle apporte un « plus » au projet.

Si le créateur a déjà créé une autre entreprise par le passé, et quel que soit son résultat (revente, disparition, etc.), il a certainement une philosophie, des valeurs et des compétences à mettre en avant pour le nouveau projet.

L'origine du projet

Cette origine ou historique est très intéressante. Le BP doit permettre au lecteur de mieux connaître le porteur de projet et de comprendre son histoire. Il est indispensable que cet historique réponde aux questions suivantes : dans quelles circonstances et d'où est venue cette idée ? Pourquoi a-t-elle mûri pendant ces mois ou ces années ? Quelles sont les raisons qui ont amené, à ce moment précis, le créateur à passer à l'acte ? Pour quelles raisons souhaite-t-il créer cette entreprise seul/en équipe ? Comment voit-il son entreprise ?

À travers le BP, le créateur recherche souvent des partenaires. Or, les partenariats ne peuvent se nouer que dans la durée et sur une base de **confiance**. Expliquer à ces futurs partenaires l'origine du projet et son évolution leur permet de participer à la construction de cette relation de confiance.

Exemple

Étudiant faisant un stage en Australie durant l'été 2016, j'ai découvert le concept « XXX » à destination d'un public urbain âgé de 20 à 35 ans qui a connu un succès énorme (triplement du chiffre d'affaires du secteur en un an). De retour en France, j'ai constaté que ce service n'existait pas sous cette forme. J'ai alors interrogé des amis qui faisaient partie de cette cible (jeunes urbains âgés de moins de 35 ans). Tous ont trouvé l'idée intéressante ; au point qu'ils m'ont aidé à construire mon projet.

Donner un exemple d'utilisation peut aider le lecteur à bien comprendre votre projet. Avoir recours au *storytelling* pour évoquer le problème et votre solution est toujours une bonne approche.

Votre entourage et vos soutiens

Les personnes qui cautionnent le projet (professionnels, consultants, experts, etc.) et les premiers personnels qui ont accepté de participer à l'« aventure » en complétant vos compétences sont également à présenter. Toutes les références sont bonnes pour donner confiance aux lecteurs futurs partenaires.

Conseil

Dans le secteur des biotechnologies par exemple, si dans votre équipe vous n'avez pas comme expert tel grand professeur de renommée internationale, les investisseurs penseront que votre projet n'est pas grandement soutenu ni à la pointe de l'avancée technologique et que, de ce fait, il manque d'intérêt pour lui octroyer du financement.

Le lecteur commence à découvrir le projet et à le comprendre par le biais de cet historique. Les aspects irrationnels ou plus personnels peuvent parfois aider à une appréciation positive du projet (étude dans la même université que le lecteur, projet qui touche une passion/un hobby pratiqué par le lecteur, mise en valeur du patrimoine d'une région chère au lecteur, aide pour des handicapés, etc.). Les anecdotes sont bienvenues à condition d'être évoquées brièvement.

Premiers conseils pour réussir sa création

- Bien se connaître soi-même et connaître son équipe.
- Savoir s'entourer de conseils mais décider.
- Connaître son activité et son métier.

Votre vision

Les objectifs poursuivis à travers ce projet (raisons de la création) devront apparaître très clairement. En effet les partenaires financiers accordent une importance primordiale au créateur. On a coutume de dire que les capital-risqueurs ou autres investisseurs souhaitent financer des projets sur la base de trois critères : « les hommes, les hommes et les hommes » (cette dénomination signifiant bien évidement hommes ou femmes). Il est vrai que ces mêmes capital-risqueurs préfèrent investir sur une équipe solide portant un projet à améliorer plutôt que sur un projet « extraordinaire » porté par une équipe moins solide.

Si vous avez une vision très précise de l'avenir de votre métier et de celui de votre entreprise dans cet environnement, défendez cette vision très clairement sur la base de chiffres et de preuves dans le but d'y faire adhérer les lecteurs.

Exemple

Le créateur d'Ucar, après avoir fait ses premières armes chez Ada, avait la conviction que le marché de la location de véhicules allait connaître des mutations en France dans les prochaines années. À partir de l'exemple de la location longue durée aux particuliers, il était certain que les consommateurs se déplaceraient de la propriété vers l'usage. Il a d'abord cherché à s'imposer sur la niche de la location longue durée aux particuliers et aux entreprises avant d'innover en plaçant des comptoirs dans des concessions automobiles pour aborder la location courte durée aux particuliers *via* le véhicule de remplacement. Puis de remplacement, les clients ont aussi utilisé ce système pour leurs week-ends et leurs vacances. Cette conviction et cette « volonté de démocratiser » la location de véhicule lui a pris cinq ans.

Tous les développements des services de location de courte durée en libre-service dans les grandes villes lui donnent maintenant raison.

La question de la création en solo ou en équipe, du développement de votre entreprise sera examinée pour mieux vous cerner.

Réflexion en amont

Décider d'entreprendre passe par la réponse à une première série de questions : comment entreprendre ? créer ou reprendre ? seul ou avec des associés ? en indépendant ou accompagné (en franchise, dans un groupement...) ?

☞

☞

La réponse à ces questions est très personnelle et va dépendre de l'idée que se fait le créateur de son rôle de créateur (ou d'entrepreneur), de ses compétences, de ses atouts et de ses faiblesses, de ses moyens financiers, de sa disponibilité pour la future entreprise, de son environnement familial et du soutien de ce dernier.

Créer en solo ou pas ?

La réponse est personnelle et chaque solution a ses avantages et inconvénients. On a coutume de dire que l'on va plus vite seul, mais plus loin à plusieurs. Ce dernier élément est juste à condition de bien s'entourer et d'être clairs sur la vision que chacun a de la future entreprise. Par ailleurs, en cas de création à plusieurs, la rédaction d'un pacte d'associés/actionnaires est bien sûr nécessaire et vous évitera bien des déboires par la suite.

Enfin, création en solo ne rime pas avec création en solitaire. Pour contrer la solitude du créateur, il est urgent de se faire conseiller, accompagner par des réseaux de création existants, par l'incubateur de son école ou université d'origine, par un incubateur professionnel, par le réseau des Pépites si vous êtes étudiant ou alumni de moins de trois ans ou par un *business angel*. S'inscrire et participer à des réseaux professionnels le plus tôt possible est aussi un bon réflexe. Ces différentes structures ou personnes vous obligeront à prendre du recul par rapport à votre projet et c'est salutaire ! Et, bien évidemment, solliciter le soutien de vos proches est indispensable !

Les démarches effectuées pour la constitution de l'équipe et de l'entreprise sont également intéressantes à formuler car elles témoignent de l'avancement et de l'engagement de l'équipe. Toutes les références de personnes contactées pendant cette période et qui ont témoigné leur intérêt pour le projet ainsi que tous les concours remportés ou articles de presse/Internet doivent apparaître à ce niveau. Un press-book peut être fourni en annexe.

Le projet

Écrire sur le projet nécessite une réflexion préalable autour d'un certain nombre d'éléments que l'on retrouve dans la figure 3.1.

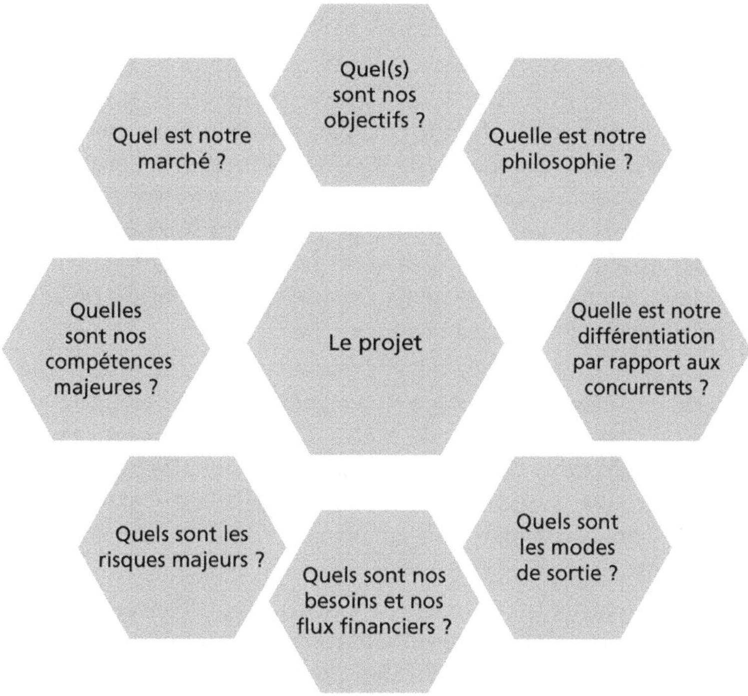

Figure 3.1 – Les points importants pour décrire son projet

Cette réflexion doit déboucher sur deux réalisations :

- la description du projet en quelques lignes ;
- la première concrétisation de ce projet, que l'on appelle produit minimum viable (*minimum viable product*, MVP) et qui permettra à vos interlocuteurs de se projeter.

La description claire du projet devra permettre au lecteur de comprendre de quoi il s'agit : quel type de marché (grand public BtoC [*business to consumer*], industriel BtoB [*business to business*], institutionnel BtoG [*business to government*] ou BtoBtoC [*business to business to consumer*]) et quel positionnement ? À quel stade de la chaîne de valeur se positionne la nouvelle entreprise ? Quels seront ses concurrents et ses difficultés et comment elle gagnera de l'argent ?

Analyse du projet en huit points

- Les **objectifs** de l'entreprise au démarrage et à terme (trois ans) doivent être décrits ainsi que le stade actuel du développement du projet. Dans le cas d'un projet technologique qui demande plusieurs années de développement, l'évaluation des différentes étapes et de leur durée permettra au lecteur de se faire une idée de l'effort qu'il devra fournir pour accompagner la nouvelle entreprise et la durée de cet effort. De même, accéder à un nouveau mode de distribution pour un produit s'avère long et coûteux.
- L'analyse du **marché**, de ses caractéristiques et ses tendances, ainsi que la place des concurrents aideront le lecteur à comprendre quelle niche de marché vous visez et à quel stade de la chaîne de valeur vous souhaitez vous positionner (fournisseur, intermédiaire, distributeur, plateforme, etc.). L'analyse poussée sera détaillée dans les paragraphes suivants.
- La **philosophie** ou éthique de l'entreprise ainsi que l'image que le créateur souhaite véhiculer sont importantes à décrire. Utilisez des exemples ou des analogies pour transmettre votre message. À relier avec le passé professionnel du créateur et ses compétences.
- Les **compétences majeures** ou distinctives (*core competencies*) qui feront le succès de l'entreprise sur ce/ces marché(s) sont à détailler (ils peuvent aussi renvoyer à un autre paragraphe du BP, comme le créateur ou la technologie).
- Ces compétences majeures permettront à l'entreprise de **différencier son offre** par rapport à l'offre concurrente. Ces compétences ne doivent pas être sous-traitées.
- Les **besoins de financement** et les flux financiers attendus (résultat, seuil de rentabilité) en liaison avec le type de structure juridique choisie seront simplement indiqués (et renverront le lecteur vers les paragraphes concernés).
- Un autre point concernera les **risques** liés à la création de cette nouvelle entreprise (risques de retard, liés à la nouveauté de l'offre, à la riposte des concurrents, etc.) sans oublier les moyens d'y répondre.

- Les **modes de sortie** possibles pour les partenaires seront plus longuement évoqués dans le dernier paragraphe « Perspectives d'avenir ».

Pour présenter son projet et traiter de ces huit points en quelques lignes, il est nécessaire de mener une première réflexion et une première étude sommaire qui servira à dégager les points essentiels.

Les **sources** très utiles sont des articles de la presse économique professionnelle (*Les Échos*), des syndicats ou fédérations professionnels (par exemple l'Afop, le syndicat professionnel Optique Photonique), les banques, l'Insee ou les ministères.

Cette brève analyse permettra d'une part de « ne pas réinventer la roue » mais de chercher à se différencier des offres existantes et d'autre part à bien se situer « dans l'air du temps ».

Exemple

Deux études sont intéressantes si vous souhaitez créer une entreprise dans le domaine des objets connectés.

La quatrième étude mondiale de PwC en 2014 sur le commerce électronique, menée dans 19 pays auprès de 19 000 web-acheteurs, révèle que les Français qui achètent en ligne délaissent de plus en plus l'achat sur Internet pour revenir en magasin, après un passage sur les réseaux sociaux.

Par ailleurs, une étude pour France Stratégie (2015) note que l'activité des « objets connectés » entre dans une phase de maturité, qui ouvre des opportunités dans des domaines comme la santé, l'habitat, l'automobile, l'assurance mais aussi pose de nombreuses questions sur la croissance économique de ce secteur où la concurrence va s'intensifier.

Un détour par la créativité

Pour s'aider dans cette démarche et préciser son projet, on peut utiliser quelques techniques de créativité ainsi que s'inspirer du *design thinking*, qui sont des manières alternatives de penser et de répondre aux problèmes.

Rappel

Les **sources d'idées** les plus fréquentes sont :

1) se référer aux idées du moment : la nourriture à base d'insectes, le « made in France », les services collaboratifs payants (ex : places de parking à l'heure), les objets connectés, etc. ;
2) s'inspirer de projets existants, de voyages : *low cost*, box, Little Extra suite à un voyage aux États-Unis, etc. ;
3) transposer ce qui se fait ailleurs : l'épicerie en ligne a été inspirée du modèle Ikéa ;
4) amélioration de l'existant, ou comble d'un manque pour satisfaire les clients : l'aspirateur sans sac de Dyson, AdopteUnMec pour les célibataires, Uber ou BlaBlaCar pour celui qui ne trouve pas de mode de déplacement, Coyote pour ne plus être flashé en excès de vitesse, Allo Resto pour manger un plat de qualité sans sortir de chez soi ;
5) une opportunité : liée au marché, à la concurrence, etc. ;
6) la chance, la curiosité ou la sérendipité, (le fait de trouver quelque chose alors que l'on en cherchait autre chose) ;
7) une volonté technique (la capsule de café Nespresso créée par un salarié de Nestlé) ou sociale (projet d'intérim à vocation sociale à l'intérieur de l'entreprise Adecco).

On peut trouver des idées sur des sites comme Maddyness.com.

La **créativité** est un ensemble de techniques pour :

- trouver des idées ;
- améliorer ses idées, services ou concepts.

Les techniques les plus utilisées sont la discussion, le brainstorming et le *mind mapping,* mais aussi la méthode du concassage ou la check-list d'Osborn.

Dans les grandes entreprises, l'*open innovation* (intelligence collective) ou le *crowdsourcing* (production participative) reposent sur l'idée que l'on est plus productif et créatif à plusieurs.

Le créateur choisira la ou les techniques les plus appropriées à son problème, idée ou concept. Le principal est de sortir de ses habitudes et de penser « autrement » : *Think out of the box.*

Le *design thinking*, méthode née en Californie, part du principe que l'innovation ne s'improvise pas et ne peut être laissée au seul hasard et à l'imagination créatrice de quelques personnes seulement. Donc il convient de mettre en place des processus qui la favorisent, en partant toujours des besoins des utilisateurs. Le principe est simple : « faire coïncider les besoins des utilisateurs (la désirabilité) avec ce qui est faisable technologiquement (la faisabilité) et viable d'un point de vue business (la viabilité) » (selon Tim Brown).

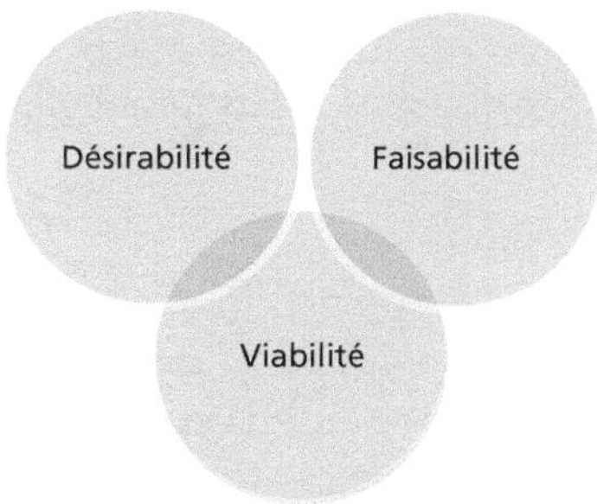

Figure 3.3 – Les principes du Design thinking

Ces idées, nouvelles, seront considérées comme des innovations dès lors qu'elles seront concrétisées et disponibles sur le marché. Il existe différents types d'innovation : commerciales, techniques, technologiques ou sociales (par exemple, Mouvadom aide les seniors à déménager).

L'innovation peut être importante et sortir des pratiques habituelles – on parle alors d'innovation de rupture (ou disruptive) – ou bien être légère et viser une amélioration – on parle d'innovation incrémentale.

Exemple d'innovation de rupture

L'ancien banquier Hugues Le Bret lance, avec des associés, le compte Nickel, « la banque sans banque ». Ce compte, sans découvert, s'ouvre en cinq minutes *via* le réseau de 2 750 buralistes. Il est accessible à tous et vise les 2,5 millions d'interdits bancaires.

Conseil

Principes pour bien anticiper les besoins de ses futurs clients

- Être toujours curieux.
- Se mettre à la place de ses clients (que souhaitent-ils en premier ? pour quel prix ? dans quel délai ?).
- Cibler les clients insatisfaits de l'offre concurrente.

Exemple

Kidizz

L'application Kidizz est née du besoin d'un père de famille expatrié en Chine de savoir ce que ses enfants faisaient pendant la journée.

Le MVP

L'objectif final de cette étape est de clarifier son/ses idée(s) en les concrétisant le plus rapidement possible en une première offre rudimentaire : c'est ce que l'on appelle le produit minimum viable (*minimum viable product*).

Les questions essentielles à ce niveau

- Quelle valeur ajoutée je souhaite apporter à mes clients ?
- Quels sont leurs vrais besoins et attentes ?
- Comment puis-je y répondre ?
- Quel sera mon avantage compétitif ?

L'idée du MVP s'inscrit dans ce que l'on appelle l'« économie frugale » : faire à moindre coût.

L'objectif est d'élaborer une proposition de valeur crédible pour la clientèle visée. La différence entre une idée et une proposition de valeur réside dans sa concrétisation. Celle-ci doit se faire *a minima*, dans des délais courts pour récolter les premiers avis et améliorer cette première version. On parle aussi de *proof of concept* (version 0).

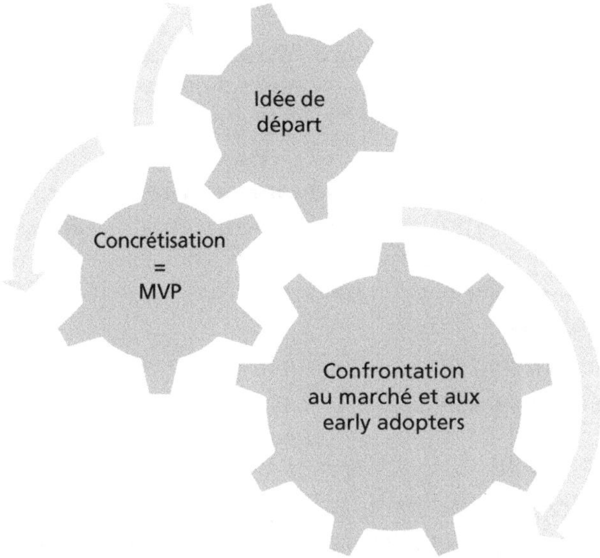

Figure 3.2 – Le rôle du MVP

Ce MVP peut être un schéma, une photo, une vidéo, une plaquette sommaire, un flyer, un prototype (même bricolé mais propre qui montre bien son usage) ou une *landing page* (page d'accueil d'un site Internet).

Un bon schéma vaut mieux qu'un long texte !

Si le projet est complexe (nombreux acteurs, partenaires, clients, prescripteurs, différents modes de rémunération, etc.), il est recommandé d'illustrer tous ces éléments à l'aide d'un schéma qui met en évidence les flux physiques et monétaires, le sens de ces flux avec plusieurs flèches et l'intensité de ces flux avec des flèches de taille et/ou de couleur différentes.

La réalisation rapide de ces quelques pages ou documents ou objets à montrer rend le projet encore plus concret pour les futurs clients.

Autre variante : dessiner (ou faire dessiner) un plan de magasin, de restaurant afin de faire « rêver » le lecteur.

Une fois le MVP finalisé, il doit être **testé** auprès des *early adopters* (premiers adeptes ou clients très concernés par l'offre), avec une petite présentation orale.

Exemple

Les « accros » des nouveaux produits Apple pour tous les produits technos ou connectés, les membres d'une association de pêche à la ligne pour une nouvelle canne, etc. sont des *early adopters*.

La validation par les *early adopters* ne veut pas automatiquement dire que le projet est réalisable et rentable car l'ensemble de la cible visée devra aussi être convaincu ; mais à l'inverse, si les *early adopters* ne sont pas enthousiastes, le reste de la cible ne le sera pas non plus.

Ce test se traduit par trois situations possibles :

- L'idée est validée. Dans ce cas, les clients sont conquis. Le projet peut continuer sa construction en intégrant d'éventuelles améliorations suggérées.
- Des doutes subsistent. Les réponses sont de type « oui... mais... » sur la qualité, la couleur, le service ou le prix. La question est alors la suivante pour le créateur : ces modifications sont-elles faisables techniquement ? financièrement ? ne dénaturent-elles pas le projet ? Si la réponse est positive, ces modifications peuvent être envisagées pour aboutir à un MVP 2 qu'il conviendra de tester à nouveau.
- L'idée est rejetée. Soit elle doit être abandonnée (momentanément ou définitivement), soit elle doit être entièrement revue. On parle de « pivot » dans ce cas, comme par exemple un changement de clientèle, l'abandon d'une partie de l'idée ou l'enrichissement de l'offre initiale.

Il est également recommandé de tester le MVP auprès de quelques experts pour prendre tout le recul nécessaire.

Exemple

Kidizz

La première version de l'application Kidizz suscite l'enthousiasme : d'autres parents parmi lesquels des *business angels* aident le jeune entrepreneur à hauteur de 700 000 euros afin qu'il perfectionne son logiciel.

Toute cette étape, réflexion, concrétisation et test, va permettre tout d'abord d'avancer dans la conception de son offre et d'écrire ensuite une **présentation** claire et synthétique du projet pour donner au lecteur l'envie de continuer la lecture du BP afin d'en savoir plus.

La première phrase se veut une synthèse du projet qui sera détaillé par la suite : « il s'agit d'un projet BtoB de plateforme de réservation d'espaces publicitaires en temps réel pour les PME ».

L'objectif de cette première phrase est d'amener le lecteur à comprendre immédiatement où vous voulez l'amener avec votre projet. Il sera ainsi prêt à écouter la suite de vos propos.

Après cette phrase de cette synthèse, le projet sera entièrement détaillé, à partir des éléments évoqués dans la figure 3.1 et notamment la manière dont vous allez l'imposer sur le marché face à la concurrence.

Tous ces éléments participent à la construction du BM, que l'on va détailler étape par étape.

Le business model

On parle de construction de business model car plusieurs étapes sont nécessaires pour valider son projet auprès de ses futurs clients.

On retiendra trois grandes étapes de construction, comme le montre la figure 3.4[1].

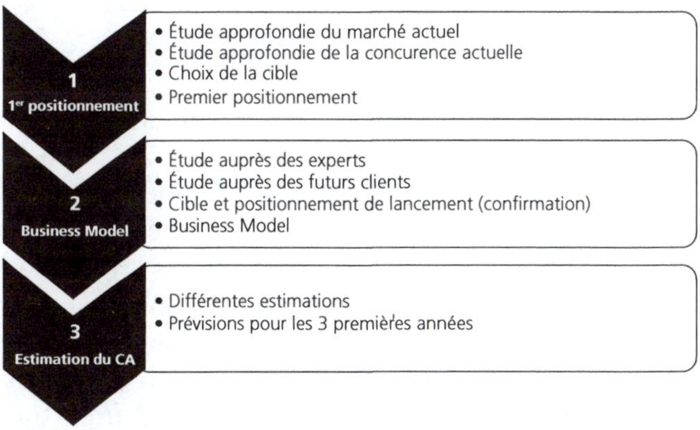

Figure 3.4 – Les trois grandes étapes de la construction du BM

1. « Pour plus d'informations sur l'étude de marché, voir l'ouvrage de Catherine Léger-Jarniou, *Réussir son étude de marché. Les clés pour un Business Model efficace*, 5e éd., Dunod, 2016. »

Les deux premières étapes font partie de ce que l'on appelle l'**étude de marché** et permettent ensuite d'estimer les ventes (étape 3).

L'étude de marché est une aide à la décision. Elle comprend l'étude approfondie du marché et de la concurrence actuels qui permettent de comprendre l'environnement dans lequel on souhaite se lancer, mais surtout de définir avec précision sa cible et le positionnement adéquat pour la satisfaire.

Ces choix appelés « choix *a priori* » devront ensuite être confrontés aux avis des experts mais aussi surtout des futurs clients pour aboutir à une offre de lancement appelée business model de lancement (étape 2).

Remarque

Le terme d'étude de marché fait souvent peur ! On imagine une longue étude difficile et coûteuse. C'est faux !

Pour démarrer, il faut aller vite car, on l'a déjà évoqué, « l'offre parfaite » n'existe pas ! On lance une première version qui devra être améliorée dès sa sortie, en fonction des retours des premiers clients. De ce fait, l'étude de marché doit être limitée dans le temps (de deux mois environ à un an pour les projets très complexes) afin que les informations récoltées ne soient pas périmées.

Un compromis est à trouver qui consiste à bien calibrer l'étude de marché pour éviter qu'elle ne soit trop longue mais à l'inverse se lancer sans un minimum d'étude est dangereux.

Enfin, une étude de marché n'est pas forcément très coûteuse. Vous pouvez la réaliser vous-même, ce qui est une bonne chose pour affiner votre connaissance du marché et de la concurrence. Mais vous pouvez vous faire aider pour une partie de sa réalisation. Certaines aides existent également pour financer cette étude.

L'étude de marché permet aussi une liaison avec la partie financière du business plan, comme le montre la figure 3.5. À partir de l'estimation du marché potentiel, il est possible d'estimer le chiffre d'affaires prévisionnel, qui permettra à son tour d'estimer le résultat d'exploitation de la nouvelle entreprise pour prouver la viabilité économique du projet.

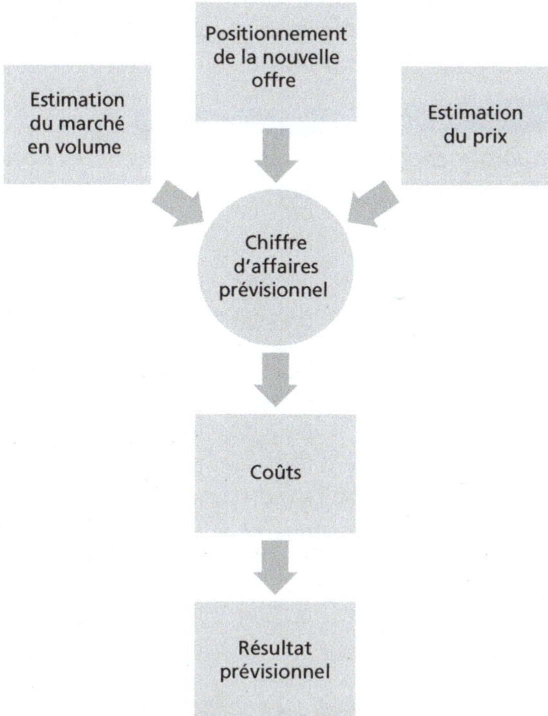

Figure 3.5 – Liaison entre l'étude de marché et le résultat prévisionnel

Tous les éléments importants de l'étude de marché réalisée figureront en annexe du BP, comme par exemple un article de presse crucial, un tableau de synthèse complet des concurrents. Dans le corps du dossier, ne seront reprises que les données essentielles, chiffrées et preuves à l'appui. Le créateur ne doit jamais se contenter d'avis et de suggestions mais apporter des informations réalistes et confirmées. Pensez à préciser vos sources et les dates.

Passons maintenant en revue ces trois étapes de construction.

Première étape : la définition du premier positionnement

Pour aboutir à ce premier positionnement, on commence par étudier en détail le marché et la concurrence actuels. On repart des éléments trouvés dans l'étape précédente mais, ici, on élargit les sources pour trouver plus d'informations et on analyse en profondeur toutes les données.

Étude approfondie du marché actuel

Les informations recherchées seront argumentées pour démontrer que le marché existe et surtout qu'il existe une place pour la nouvelle entreprise.

Les sources d'information utilisées sont le Web, les journaux, les magazines professionnels, les rapports ministériels, les rapports d'investissement des banquiers et les recherches des sociétés de Bourse, les statistiques gouvernementales et autres publications, les salons-foires-expositions. Il est possible d'acheter des renseignements auprès de fournisseurs spécialisés tels que les cabinets d'étude marketing ou de veille.

Des études très intéressantes sont faites par des syndicats professionnels.

Exemples :

- Étude Synapse 2010
- Étude FranceAgriMer, 2013
- Étude Ethnicity de GreenFlex
- Baromètre de consommation des familles, 2016.

On peut également trouver des études de grands cabinets tels que Forrester, eMarketer ou GfK. Elles sont très sérieuses mais chères ; on peut en trouver des résumés sur leurs sites Internet ou dans des journaux professionnels.

Tirer profit d'Internet est également possible grâce aux forums de discussion. Il en existe sur pratiquement tous les sujets. Les informations récoltées seront intéressantes à condition d'être vérifiées. Le créateur peut aussi lancer son propre forum de discussion, méthode peu coûteuse. Enfin les blogs de certains experts sont également une source d'information intéressante.

Débuter l'étude du marché consiste à faire ressortir les points clés (positifs et négatifs) d'un ensemble d'éléments disparates.

Pour s'aider, on peut partir de la liste d'éléments suivants à partir de laquelle on ne retiendra que ceux qui présentent un grand intérêt. On consacrera un paragraphe entier (à la suite) aux principaux acteurs de ce marché que sont les concurrents, du fait de leur importance.

L'objectif est de collecter le maximum d'informations, de les traiter et les interpréter pour qu'elles deviennent des « informations utiles » pour le créateur.

Conseil

Il faut aller vite pour réaliser cette phase d'étude sans oublier pour autant un élément qui pourrait devenir essentiel.

Premier cas : l'idée de départ est assez large et le marché pas très défini. L'étude devra concerner l'ensemble du marché et ses segments ; elle sera plus complète mais plus large et donc plus coûteuse. Exemple : projet de loisirs.

Second cas : l'idée de départ concerne une niche de marché. L'étude ne concernera que cette niche, après avoir resitué son importance et son évolution sur le marché global ; elle sera plus simple, plus rapide et moins coûteuse ; mais il faut faire attention à ne pas oublier d'informations cruciales à la « frontière » de la niche de clientèle visée. Exemple : projet de jeux éducatifs pour les seniors de 70-75 ans.

Étudier le marché actuel consiste à analyser les quatre catégories d'éléments suivantes.

- Informations générales sur le **marché** :
  - taille du marché actuel et évolution ;
  - cycle de vie ;
  - saisonnalité ;
  - segments de marché actuels et leur taille (par produits/clients/zone géographique/technologie) ;
  - caractéristiques des segments (phase de cycle de vie, variations saisonnières, modes et circuits de distribution, etc.) ; évolution possible de ces segments ;
  - intensité capitalistique du secteur et structure des coûts ;
  - barrières à l'entrée et à la sortie ;
  - part des importations et des exportations ;
  - tous les facteurs favorables et défavorables spécifiques au projet (projets d'urbanisme) ;
  - etc.

- **Environnement légal** :
  - contraintes réglementaires et normes à respecter nationales et internationales (amendes en cas de non-respect) sur ce/ces segments de marché ;
  - rôle des pouvoirs publics et des groupes professionnels ;
  - besoin de licence ou de permis pour ce type d'activité ;
  - spécificités en matière de travail en fonction de la profession ;
  - particularités réglementaires selon le lieu d'implantation ;
  - etc.
- **Innovation** et technologie :
  - rythme des innovations sur ce marché et degré (innovation de rupture ou incrémentale) ;
  - facilité d'imitation de la technologie ;
  - coût de la technologie ;
  - risques de substitution ;
  - modalités de protection ;
  - technologies proches et/ou concurrentes ;
  - etc.
- **Demande actuelle** (clients servis par les concurrents en place) :
  - nature de cette demande : particuliers (BtoC), entreprises (BtoB), administrations (BtoG) ;
  - taille de cette demande et évolution ;
  - caractéristiques sociologiques de la demande des particuliers : motivations d'achat et degré de satisfaction actuelle des clients, fréquence d'achat et de renouvellement, degré d'acceptation de l'innovation, panier moyen, évolution de la demande dans le futur (tendances : qui, où, pourquoi, comment ?).

Exemple

Étude des consommateurs actuels

Unibail-Rodamco suit les *shoppers*. Ainsi, on note dans leur *Observatoire du shopping* (édition 2016) que les clients peuvent être classés en trois catégories selon leur âge : les « explorateurs » (16-24 ans), les « optimisateurs » (25-54 ans) et les « flâneurs » (plus de 55 ans), qui recouvrent des comportements différents.

– caractéristiques économiques de la demande des entreprises et des administrations : secteur d'activité, taille de la structure, localisation géographique, information sur les principaux clients (dans certains cas), identification des mécanismes de décision, périodicité d'achat et de renouvellement et valeur ajoutée attendue, noms des décideurs, prescripteurs et utilisateurs ;
– les facteurs clés de succès pour les clients (FCS) ;
– etc.

Faites une synthèse claire des principaux éléments à retenir à la fin de cette étude, sous la forme d'un petit tableau des cinq points positifs et négatifs ou des cinq points à retenir.

+	–
1.	1.
2.	2.
3.	3.
4.	4.
5.	5.

Étude approfondie de la concurrence actuelle

Sur le marché, il convient de s'intéresser aux différents acteurs en présence que sont les concurrents directs (qui proposent la même offre que celle que vous souhaitez mettre sur le marché) et les concurrents indirects (qui offrent un produit ou un service similaire mais non identique), les produits de substitution, les fournisseurs, les clients et les nouveaux entrants possibles comme le montre la figure 3.6.

Cette figure permet d'illustrer les différentes forces en présence ainsi que les marges de manœuvre dont disposera la nouvelle entreprise dans cet environnement, avec pour concurrence directe les rivaux du secteur.

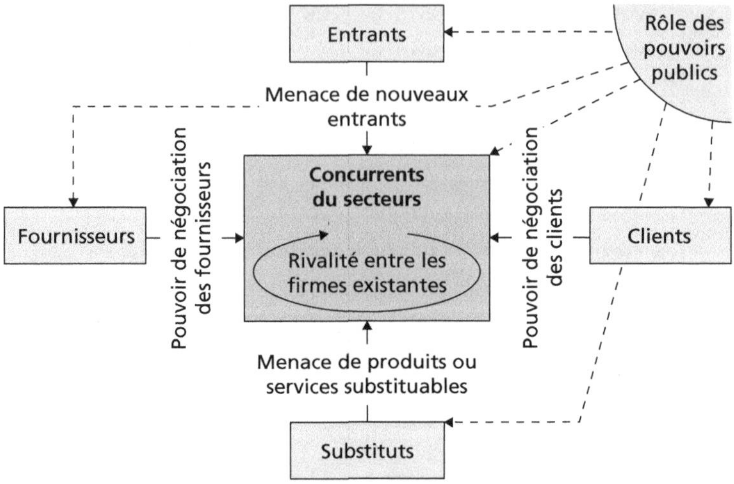

Figure 3.6 – Les forces concurrentielles

Source : M. Porter, *L'Avantage compétitif*, Dunod, 1999.

Les **nouveaux entrants** peuvent venir de n'importe où, c'est-à-dire d'autres régions géographiques mais également d'autres marchés et surtout avec d'autres pratiques. Rappelez-vous l'incursion de l'entreprise Bouygues dans la télévision. Il peut également s'agir, et ils seront de redoutables concurrents, de clients ou de fournisseurs qui décident d'intégrer la filière en amont ou en aval et d'exercer ainsi le même métier. Il peut enfin s'agir de grands groupes qui décident d'étendre leur activité sur des métiers secondaires ou de concurrents indirects qui veulent améliorer leur offre ou vous « tuer » : ils sont très rapides et disposent de fonds importants.

Les **substituts** peuvent offrir aux clients une satisfaction identique ou proche, alors qu'ils appartiennent à une autre activité. Exemple : les bus *versus* le TGV.

Les **clients** et les **fournisseurs** peuvent, à un moment, vouloir étoffer leur propre offre en amont ou en aval de leur activité primaire, et ce, pour augmenter leurs marges. Ils connaissent le secteur et le métier et ont des ressources.

Les **pouvoirs publics**, par leurs incitations ou lois, peuvent modifier l'arène concurrentielle. Anticiper les futurs textes est une nécessité.

Ne sous-estimez jamais la concurrence ! Elle est à la fois directe et indirecte, comme le montre la figure 3.7.

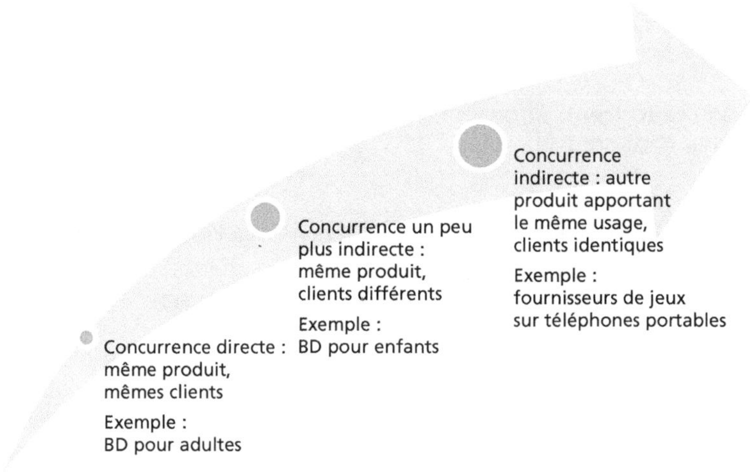

Figure 3.7 – De la concurrence directe à la concurrence indirecte

Tout créateur focalise son intérêt sur la **concurrence directe**, c'est-à-dire sur les entreprises qui proposent le même produit, service ou concept en direction de la même clientèle ou d'une clientèle différente. D'autant que cette concurrence est visible et donc facilement identifiable. Les choses se compliquent avec la **concurrence indirecte.** Il s'agit là de « toute offre similaire » qui apporte une satisfaction identique aux clients.

Exemple

Le bus est-il un concurrent direct ou indirect du TGV sur le trajet Paris-Nantes ?

BlaBlaCar est-il un concurrent direct ou indirect du TGV sur le trajet Nantes-Lyon ?

Ainsi entend-on dire fréquemment dans les cas de projets innovants (mais pas seulement) : « je n'ai pas de concurrent ». Cette affirmation est fausse : elle existe toujours, même de manière détournée et indirecte. D'ailleurs, le créateur qui annonce qu'il n'a pas de concurrents n'est pas pris au sérieux. En fait, très rares sont les cas où aucune concurrence n'existe.

Elle peut également exister à l'autre bout du monde. Des recherches poussées sur toutes les formes de concurrence sont à mener très sérieusement car ce sont peut-être les concurrents les plus redoutables à l'avenir.

Les **concurrents** (appelés **rivaux directs**) sont à court terme les plus dangereux.

On peut visualiser l'offre des concurrents à l'aide d'un schéma « radar-toile d'araignée », où la notation de chaque critère entre 0 et 5 permet d'établir un profil.

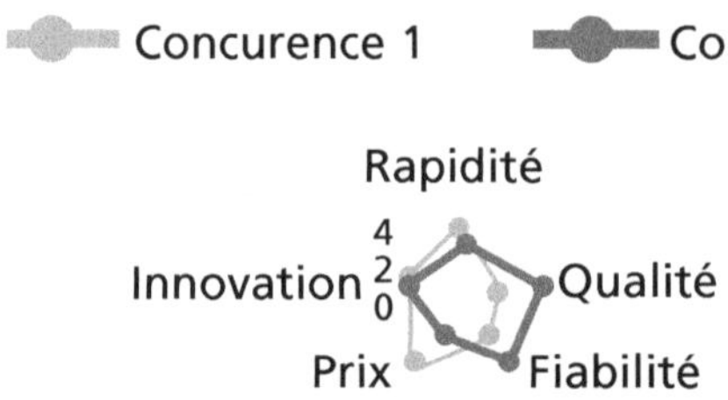

Figure 3.8 – Comparaison des concurrents directs

Pour affiner l'étude d'un concurrent direct ou indirect, la méthode du **benchmark** (ou étalonnage, comparaison) peut se révéler intéressante. L'objectif principal du benchmark est de comprendre ce que font les concurrents, ce qu'ils dépensent pour chaque budget (communication, R&D, distribution, etc.) et comment ils ont réussi sur leur marché. Cette meilleure compréhension du rôle et de la place des concurrents permettra à la nouvelle entreprise de se positionner et de mieux répondre aux facteurs clés de succès du marché tout en se différenciant des concurrents présents. Le benchmark peut également se concevoir comme l'étude précise des causes de réussite sur un point particulier (exemple : la logistique) d'une entreprise qui exerce dans un autre secteur.

Les éléments importants de l'étude de la concurrence figureront également en annexe, alors que dans le corps du BP les informations essentielles seront décrites et synthétisées le plus possible sous forme de tableaux.

Les informations recherchées sur les différents acteurs de la **concurrence** concernent les items suivants :

- **Concurrence directe** :
  - nom ;
  - taille, moyens ;
  - origine ;
  - caractéristiques principales ;
  - origine géographique ;
  - pratiques concurrentielles habituelles ;
  - ffacteurs de différenciation ;
  - forces/faiblesses ;
  - nouveaux concurrents possibles et rythme d'apparition et de disparition des entreprises concurrentes.
- **Pour les deux ou trois concurrents les plus importants :**
  - CA et profits ;
  - part de marché ;
  - offre ;
  - avantages concurrentiels ;
  - ancienneté ;
  - croissance annuelle ;
  - domaine d'excellence ;
  - notoriété/positionnement ;
  - image de marque ;
  - moyens financiers ;
  - agressivité commerciale et moyens commerciaux utilisés.
- **Concurrence indirecte** :
  - nom ;
  - taille, moyens ;
  - caractéristiques principales ;
  - origine géographique et sectorielle ;
  - pratiques concurrentielles habituelles ;
  - facteurs de différenciation ;
  - forces/faiblesses ;
  - nouveaux concurrents possibles.

- **Pour les deux ou trois concurrents les plus importants :**
  - CA et profit ;
  - part de marché ;
  - offre ;
  - avantages concurrentiels ;
  - ancienneté ;
  - croissance annuelle ;
  - domaine d'excellence ;
  - notoriété/positionnement ;
  - image de marque ;
  - moyens financiers ;
  - agressivité commerciale et moyens commerciaux utilisés.

Une autre forme de visualisation peut être utilisée, comme la cartographie des concurrents actuels où chaque groupe de concurrents qui suit une stratégie similaire est visualisé par des bulles de taille différente suivant l'ampleur de son CA. Elle sert à mettre en avant la présence et la force des concurrents selon deux axes qui ont été repérés comme « facteurs clé de succès » dans la phase précédente. Il s'agit en général de la largeur de la gamme offerte, la technologie, le prix, la qualité perçue des produits, les modes de distribution, le niveau de service, la présence géographique, etc.

La figure 3.9 permet de choisir, dans cette « arène stratégique », où le créateur souhaite se lancer.

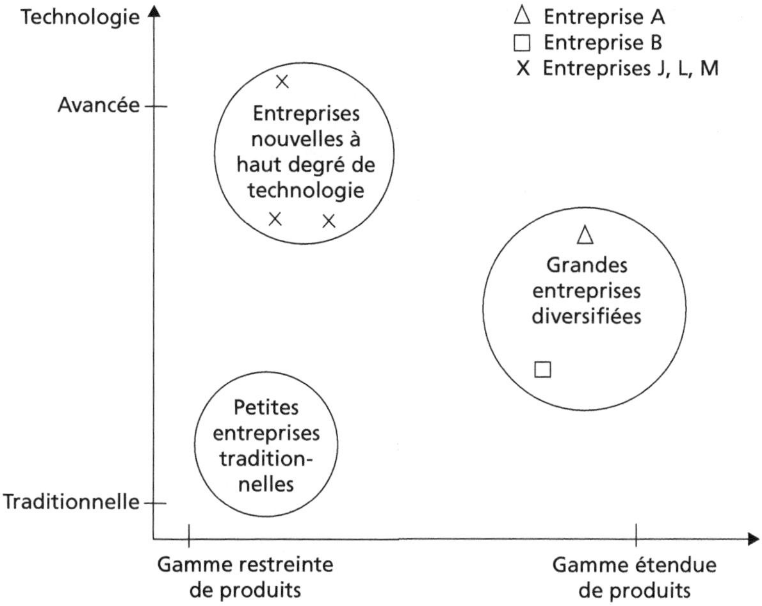

Figure 3.9 – Carte stratégique de la concurrence

Faites une synthèse claire des principaux éléments à retenir à la fin de cette étude, sous la forme d'un petit tableau des points positifs et négatifs ou des cinq points à retenir (comme pour le marché).

+	–
1.	1.
2.	2.
3.	3.
4.	4.
5.	5.

Focus

Il peut être utile de synthétiser toutes les informations recueillies plus avant dans une analyse des forces et faiblesses de votre projet en regard des opportunités et menaces du marché et/ou segment visé pour vous aider à réfléchir aux orientations précises de votre stratégie et de votre positionnement et à la définition de votre cœur de métier (*core business*).

Tableau 3.1 – Analyse projet/marché

	Nos forces	Nos faiblesses
Opportunités du marché	En quoi nos forces nous permettent-elles de saisir l'une de ces opportunités ? (ou plusieurs).	En quoi nos faiblesses nous empêcheraient-elles de saisir l'une de ces opportunités ? (ou plusieurs).
Menaces sur le marché	En quoi nos forces nous permettent-elles de contrer l'une de ces menaces ? (ou plusieurs).	En quoi nos faiblesses renforceraient l'une de ces menaces ? (ou plusieurs).

À partir de la connaissance fine du marché et des clients actuels, mais aussi de la concurrence, le projet se précise : le créateur va pouvoir démontrer à quelles cibles de clientèle l'entreprise va s'adresser et quel sera son positionnement stratégique pour assurer sa rentabilité et sa pérennité. Ce choix stratégique permettra également de préciser vos sources de revenus.

Choix de la cible

L'idée est qu'il est difficile de satisfaire un marché large au départ, par manque de légitimité, de temps et de moyens. Il faut donc choisir une cible (voire deux) pour démarrer. La segmentation du marché, faite en amont, permet de mettre en évidence toutes les cibles possibles avant de choisir sa cible de lancement.

Ce choix est entièrement lié au positionnement visé.

Premier positionnement

Il faut apporter aux clients un **avantage compétitif** spécifique. Cet avantage peut être de nature technique (qualité, design, poids, etc.), commerciale (prix, remises, image, etc.) ou de service (livraison, SAV, garantie, etc.).

Exemple

Tiller a mis au point des caisses enregistreuses fiables et intuitives pour différents types de restaurants.

Deux solutions existent pour **se positionner** par rapport à la concurrence :

- La première consiste à se positionner comme l'un des concurrents si la nouvelle entreprise possède des caractéristiques similaires (produits, mode de distribution, etc.) ou désire lui ressembler (taille et croissance, éthique, etc.). Un gros effort en termes de communication et d'image (charges de communication) devra être alors envisagé pour se différencier de la concurrence actuelle.
- La seconde solution consiste à se positionner différemment ou radicalement différemment de la concurrence actuelle pour jouer sur l'effet de surprise par exemple, dans le cas d'un projet radicalement nouveau notamment. Ce dernier choix est intéressant, on parle de positionnement de rupture. En revanche, il est coûteux et la réaction des clients n'est pas toujours immédiate (trésorerie à prévoir).

Exemple

Le *pay per use* est un positionnement de rupture maintenant fréquemment utilisé. Mais, sur des marchés habitués au forfait, son arrivée déboussole la concurrence.

Une variante de cette seconde solution est celle de **l'océan bleu** : au lieu de rester sur son marché traditionnel et d'apporter des innovations incrémentales, l'entreprise peut chercher à créer un espace de marché nouveau grâce à une différenciation fondamentale : l'« innovation-valeur » : par exemple, apporter de nouveaux services (visites d'appartements le dimanche) ou réduire les coûts (*low cost*).

Exemples

- Créer un produit ou un service à l'intersection de deux marchés existants est un moyen habile de se démarquer de ses concurrents. La société Citadines a introduit il y a trente ans le concept d'Apart'Hotels par exemple qui n'est pas tout à fait un hôtel et pas vraiment un appartement. Sur le marché du séjour loisirs et affaires, la concurrence a toujours été rude. Sortir de cette concurrence par une stratégie de rupture a été gagnant. De plus, la prime au premier installé a joué, notamment pour les opportunités d'emplacements immobiliers.
- La société familiale Puressentiel est devenue leader en proposant des produits d'aromathérapie prêts à l'emploi et vendus en pharmacie.

Posez-vous toujours la question suivante : quel profit fera le client en achetant mon offre (augmentation de sa productivité, réduction de ses coûts, augmentation de sa capacité de production, mise en conformité par rapport à la réglementation… pour une entreprise ou une administration et gain de temps, plaisir ou efficacité… pour les particuliers) ? Et cet avantage doit être monnayable.

Exemples

- Le site d'annonces Leboncoin.fr offre de la simplicité d'usage (localisation) à ses clients.
- Les magasins Lush proposent des produits cosmétiques naturels et fabriqués à la main dans un univers complètement revisité.
- La chaîne de fast-food Subway s'impose petit à petit face à McDonald's en proposant des sandwichs personnalisables, préparés à la demande et présentés comme plus sains et équilibrés.
- Le site de réservation sur Internet Lafourchette.com se rémunère par une commission de 2 euros par couvert réservé *via* sa plateforme qui compte 11 000 restaurants partenaires et par la vente sur abonnement du logiciel de gestion des réservations (50 à 100 euros mensuels). Il apporte des économies et de la simplicité aux clients des restaurants et du volume d'affaires et une visibilité accrue aux restaurateurs.

Conseil

Ce paragraphe « Positionnement » sera lu et « décortiqué » par tous les partenaires, notamment financiers, qui chercheront à mettre en évidence toutes les incohérences du projet. Il convient donc de leur démontrer ici la faisabilité commerciale du projet : cette nouvelle entreprise a bien une place sur le marché (positionnement stratégique) et elle peut en vivre (business model).

Pour définir son positionnement de départ ou **premier positionnement**, le créateur va décider en fonction de trois arguments : son idée de départ ; les caractéristiques du marché et de la concurrence ; la demande des futurs clients.

Cela revient à se demander :

- Que veut-on faire ?
- Que peut-on faire ?
- Qu'est-il souhaitable de faire pour les clients ?

On peut également le visualiser à partir des trois critères que sont la technologie, la fonction (ou l'utilisation) et le type d'utilisateurs comme le montre la figure 3.10, ou de tout autre avantage compétitif repéré sur le marché.

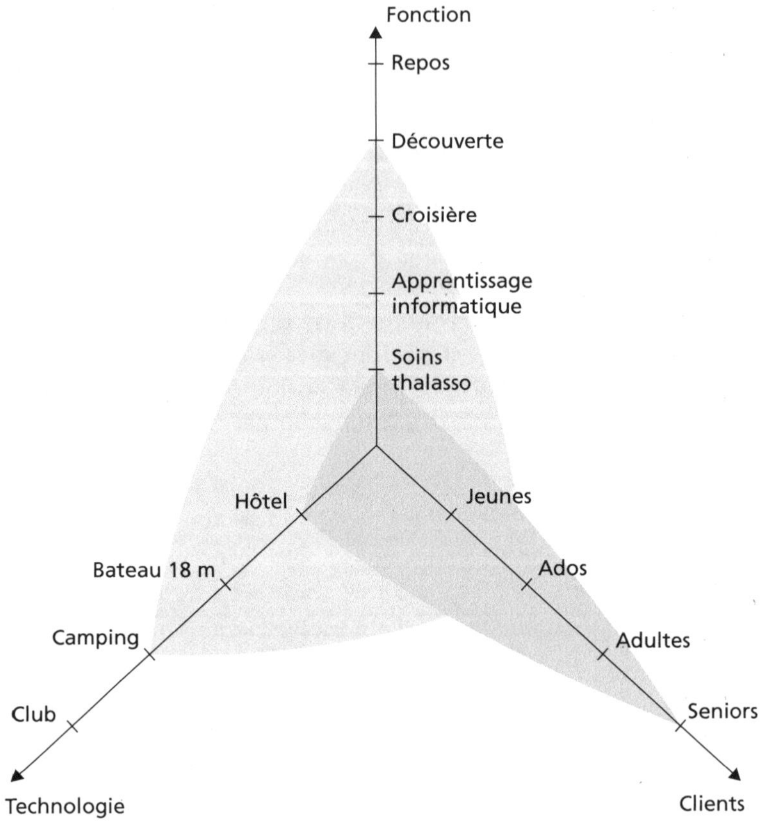

Figure 3.10 – Positionnements possibles en matière de loisirs

On peut, grâce à cette figure, identifier clairement les nombreux segments de marché qui existent et qui sont autant de cibles (branche clients). La technologie (au sens large) et la nature de l'offre (branche fonction), associées à la cible, représentent un positionnement particulier.

Exemple

Dans le cas de la création d'une entreprise d'organisation de voyages et séjours, l'étude du marché préalablement réalisée a permis d'une part de définir ces critères et d'autre part de mettre en avant deux segments de marché particulièrement intéressants (selon les couleurs). Le premier correspond à des « séjours découverte en camping pour ados » et le second à des « séjours thalasso en hôtel pour une clientèle de seniors ». L'expérience des créateurs (l'un dans le secteur de la thalasso et l'autre sur les seniors) les fait privilégier cette dernière cible avec un positionnement en hôtel qu'il conviendra de préciser plus finement.

Ce premier positionnement doit être ensuite validé par des experts du secteur et par les clients potentiels pour prouver sa faisabilité.

En réalité, les clients actuels sont plus ou moins satisfaits des offres actuelles proposées par les entreprises concurrentes déjà installées. De nouveaux clients existent également, mais que souhaitent-ils ? Aussi dans ces conditions, il est tout à fait nécessaire de vérifier que votre offre (clients/besoins/technologie) sera bien accueillie par votre cible et qu'elle se transformera en clients acheteurs. Cette étape est cruciale pour démontrer aux partenaires la viabilité de votre projet.

On le voit, le choix de la **clientèle** visée (la cible) est très lié au **positionnement** de l'offre, qui doit être cohérent et décisif pour atteindre et satisfaire cette clientèle.

Exemple

Kusmi Tea a opté pour un positionnement original sur le marché traditionnel du thé : positionnement « mode » pour un thé de son siècle, ouvert aux envies des consommateurs, notamment les femmes et les jeunes.

Une fois la cible choisie et le positionnement défini, la deuxième étape peut commencer.

Deuxième étape : la validation du premier positionnement

Cette validation se fait « sur le **terrain** », c'est-à-dire en allant à la rencontre des futurs clients de la cible pour recueillir leur avis mais aussi, et dans un premier temps, de quelques experts fiables et reconnus dans le secteur pour recueillir leurs avis précieux. Ceux-ci permettront soit de confirmer le positionnement envisagé soit de l'améliorer encore, pour aboutir au Business Model.

Principes méthodologiques

Il est de coutume de commencer par les entretiens avec les experts que l'on a identifiés comme importants lors de l'étude du marché actuel. Ils seront interrogés à l'aide d'un premier guide d'entretien. Ensuite, les clients potentiels seront également interrogés à l'aide d'un guide d'entretien spécifique.

Par habitude, on interroge cinq experts et 25 clients de la cible, ce qui permet d'obtenir des informations de qualité avec ces 30 avis pour un projet local ou limité au départ à une cible de clientèle. Bien évidemment, pour un projet de plus grande envergure (France entière, mondial, etc.), on multipliera ces chiffres par le nombre de régions retenues ou le nombre de cibles.

Exemple

Lors d'un lancement France entière, il est de coutume de découper le pays en cinq zones aux habitudes de consommation différentes. Dans ce cas, cinq études terrain seront à réaliser en interrogeant pour chacune d'elles 30 personnes.

Focus : Les projets push ou pull

Tableau 3.2 – Projet pull/projet push

Projet pull	Projet push
Le concept existe déjà	Le concept est nouveau
Les clients connaissent le marché	Le marché n'existe pas vraiment
Beaucoup d'informations existent	Co-construire l'offre avec les clients

Dans le cas d'un *projet pull* (projet similaire aux offres concurrentes, le marché existe et il faudra se différencier), on appliquera ce qui vient d'être énoncé. Les projets pull sont les plus répandus.

En revanche dans le cas d'un *projet push* (projet très innovant pour lequel il n'existe pas ou peu de concurrence et des clients à convaincre), il convient de co-construire l'offre avec les experts et les clients. On interrogera beaucoup plus d'experts (dix environ) qui pourront ensuite devenir des clients.

Valider son offre auprès d'experts et de sa future clientèle est essentiel pour confirmer qu'il existe bien une clientèle pour ce projet mais également pour estimer le chiffre d'affaires potentiel. Les lecteurs professionnels sont friands de ces avis, ainsi que de la manière dont l'enquête terrain a été réalisée (réalisée par qui, quand, où, auprès de quelles cibles, avec quelles interrogations, etc.). La méthodologie figurera en annexe du BP avec les résultats les plus significatifs. Seule une synthèse des points cruciaux sera détaillée dans le corps du BP.

Conseil

Ne sous-estimez pas cette partie de l'étude sous prétexte que le marché est très large et donc qu'il y a forcément une place pour votre projet. Autre mauvais motif : votre technologie est si innovante que les clients l'apprécieront automatiquement. Même remarque avec le niveau de prix : un prix plus bas que la concurrence ne veut pas systématiquement dire que les clients suivront. Seuls vos futurs clients ont la réponse !

Les entretiens

On en écrit deux, dans lesquels quelques questions sont identiques. Dans tous les cas, il comporte douze à quinze questions ouvertes.

L'entretien avec les experts sert à vérifier les points clés de l'étude du marché et de la concurrence actuels, ainsi que la cible visée et le positionnement prévu. Des conseils pourront également être demandés aux experts ainsi que leur évaluation de la part de marché pour cette nouvelle activité.

L'entretien avec les clients servira à valider leurs attentes et leur appréciation de la nouvelle offre (acceptation totale/partielle, produits/services, prix, distribution, communication, rythme d'achat).

Exemple

Kidizz

La version quasi définitive de l'application Kidizz a été testée avec succès dans une quinzaine de crèches de Shanghai, ville où résidait le créateur. Ce retour positif lui a permis de créer son entreprise.

Plusieurs cas de figure existent, selon le type de clientèle :

- En BtoC, comprendre les besoins des clients : un seul guide BtoC.
- En BtoB, comprendre les besoins des clients entreprises et leurs modes de sélection, d'achat et de paiement : un seul guide BtoB.
- En BtoG, comprendre les besoins des clients institutions (écoles, mairies, armée, etc.) et leurs modes de sélection, d'achat et de paiement : un seul guide BtoG.
- En BtoBtoC, comprendre, d'une part, les attentes et besoins des utilisateurs grand public (C) et, d'autre part, les modes d'achat et les besoins des entreprises clientes (B) qui vont intégrer votre nouvelle offre dans leur propre offre finale qui touchera leurs clients grand public. Dans ce cas précis, deux guides seront nécessaires : un premier auprès des utilisateurs pour comprendre leurs besoins (BtoC) et un second auprès des clients BtoB (vos clients) pour connaître leurs modes d'achat et leurs besoins ce qui servira à les persuader ensuite d'acheter vos produits et services pour les revendre ensuite à leurs clients.

Dans tous les cas, les guides destinés aux clients se termineront inévitablement par des questions relatives aux points suivants :

- souhait d'achat,
- quantité prévue,
- fréquence d'achat,
- lieu d'achat,
- prix.

Ces informations nous serviront par la suite à évaluer le chiffre d'affaires prévisionnel.

Variante

Enquête rapide auprès de clients internautes, *via* un questionnaire en ligne. Survey Monkey vous permet de diffuser dix questions auprès de votre cible. La version gratuite vous permet de remonter 100 réponses. Ensuite plusieurs versions payantes existent.

Les retours des clients et des experts visent à confirmer (ou non) le choix de la cible et du premier positionnement. Ces retours se traduiront par trois situations possibles :

- L'idée est validée. Dans ce cas, les clients sont conquis. Le projet peut continuer sa construction en intégrant d'éventuelles petites améliorations suggérées.
- Des doutes subsistent. Les réponses sont du type « oui... mais... » sur la qualité, la couleur, le service ou le prix. La question est alors la suivante pour le créateur : ces modifications sont-elles faisables techniquement ? financièrement ? ne dénaturent-elles pas le projet ? Si la/les réponse(s) est/sont positive(s), ces modifications peuvent être envisagées pour aboutir à une offre version 2 qu'il conviendra de tester à nouveau.
- L'idée est rejetée. À ce niveau, cette idée doit être abandonnée (momentanément ou définitivement).

Cette étude terrain a permis de valider vos avantages concurrentiels pour votre cible, ce qui maintenant va se traduire par le **business model de lancement**.

Le business model

Le **business model** est l'expression claire de la valeur dégagée par la nouvelle activité et la manière de la partager entre les clients, les parties prenantes et l'entreprise.

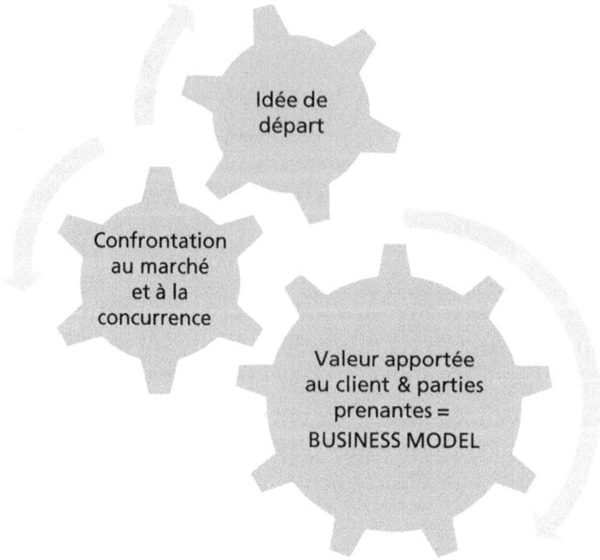

Figure 3.11 – Exemple de technique de créativité

Pour s'insérer sur un marché, y vivre et y perdurer, une seule condition s'impose : créer de la **valeur** qui sera partagée entre les clients, les parties prenantes et l'entreprise. Il est important de réfléchir à la juste proportion de valeur à offrir et l'inscrire dans un modèle de croissance.

Exemples

- Un nouveau restaurant de plage offre à ses clients de nouveaux menus tous les jours : quelques plats simples, de qualité et de fraîcheur irréprochables et à des prix raisonnables. Par ces arguments, il se distingue de ses concurrents plus luxueux et apporte de la valeur aux clients (nouveauté, fraîcheur des produits) qui viennent plus nombreux et plus souvent.
- Un autre exemple est celui des supérettes de grandes enseignes dans les centres-villes. En échange d'une plage horaire d'ouverture très large, leurs prix sont plus élevés que ceux du grand supermarché voisin qui ferme ses portes à 19 h 30. Ce « plus » offert à la clientèle, qui peut se dépanner tard le soir, est à ses yeux une vraie valeur.

La valeur apportée aux clients est appelée valeur d'utilité.

Rappel

Si vous n'êtes pas certain de la valeur apportée à vos clients, cherchez à la vérifier par ce petit exercice qui consiste à confronter votre vision des coûts avec la vision de la valeur estimée par vos futurs clients (voir figure 3.12). Cet exercice a le mérite de faire prendre du recul et oblige à considérer l'entreprise « côté client » et non pas seulement en termes de coût (vision interne) et donc à faire des efforts là où les clients vous attendent.

Valeur vision interne

	%
R & D	15
Communication	20
Distribution	45
S.A.V	20

Valeur pour les clients

	%
Innovation	30
Communication	10
Distribution S.A.V	60

Figure 3.12 – Confrontation coûts/valeur

Il peut être utile de se référer à des BM déjà existants, pour les adapter à sa propre activité et à sa vision.

Par tradition, on les classe en BM traditionnels et nouveaux BM, mais la réalité nous offre souvent des exemples mixtes.

Les **BM traditionnels** comprennent :

- les BM *cash machine*, qui reposent sur une idée rentable (forte marge sur les ventes, appât et hameçon, etc.) ;
- les BM de niche, centrés sur une clientèle aux attentes bien définies (seniors, sportifs de haut niveau, etc.) ;
- les BM de rupture, fondés sur une innovation (sciences de la vie, informatique, etc.) ;

- les BM *dream team*, qui reposent sur une équipe de rêve (serial entrepreneurs, associé incontournable dans son milieu, etc.).

Les **nouveaux BM** peuvent être regroupés en catégories selon :

- l'usage : transaction sur les ventes, paiement à l'usage, paiement au temps passé (Anticafé), licence, *yield management* (optimisation des ressources non vendues), *low cost*, etc. ;
- le mode de paiement : forfait ou abonnement, paiement à l'usage, freemium (partie gratuite [*free*] plus partie payante premium [haut de gamme], gratuit contre publicité) ;
- les sources de revenus provenant d'un tiers : tout gratuit (financé par la publicité), freemium + publicité, partenariats, etc. ;
- le package (voiture + financement + assurance + entretien) ;
- le mode de distribution (direct, affiliation, cooptation, etc.) ;
- d'autres critères : BM à revenus variables (enchères), le regroupement d'achat, l'association de prestations complémentaires, la *green* préoccupation (*green business*), etc.

On trouve aussi les **BM** suivants (étude Cap Gémini) :

- ATAWAD : *any time, any where, any device* ou mobilité universelle au service des individus et des entreprises (votre panier est conservé par les grandes enseignes de e-commerce) ;
- *User-Generated Content*, quand les clients sont générateurs de contenus (YouTube) ;
- *Do It Yourself*, grâce aux nouvelles technologies (imprimantes 3D, FabLabs, etc.) ;
- co-création de masse : *crowdsourcing, crowdfunding, crowdshipping* ;
- services alternatifs qui bousculent l'ordre établi (Uber, Airbnb) ;
- économie de partage, troc (BlaBlaCar).

L'ère du marketing de masse est terminée. De plus dans de nombreux secteurs, Internet et les nouvelles technologies augmentent considérablement la demande d'individualisation des clients. On parle de « customisation » des produits et des services (*one to one, market place*, multi-segments, marchés sans limites géographiques, *web-to-store*, etc.). Le digital a redonné du pouvoir aux clients.

Exemples

- Amazon n'a cessé d'augmenter son volume de ventes grâce au développement de l'affiliation de son site sur la Toile. L'affiliation consiste à lier des partenariats de référencement avec d'autres sites (produits Amazon mis en avant sur ces sites) contre une rémunération pouvant aller jusqu'à 10 % de commission.
- Maximiles, « votre programme de fidélité sur Internet », offre une double proposition de valeur à ses partenaires et ses membres pour contrer l'effet *zapping* des internautes. Les partenaires bénéficient d'un programme de fidélisation prêt à l'emploi et sans coûts fixes, un programme de fidélisation ouvert plus attractif pour les clients finaux, une augmentation du trafic et des ventes, un programme géré par des professionnels et des relations exclusives avec un seul partenaire par secteur d'activité. Les membres ont la possibilité de gagner des points en achetant sur Internet ou à partir d'une application sur leur mobile et de les transformer en cadeaux. Divers avantages sont ainsi offerts : un grand nombre de partenaires, un programme complètement gratuit (enregistrement gratuit, cadeaux gratuits), des services additionnels (assurance), des offres spéciales et des promotions.

En réalité, différents éléments peuvent entrer dans la construction du business model (ex : niche + freemium, green business + usage, etc.) ; ce qui donne le plus souvent des **BM hybrides**. À vous d'inventer le vôtre.

Le business model ainsi exprimé précisément peut maintenant se traduire en chiffre d'affaires prévisionnel.

Troisième étape : estimation du chiffre d'affaires prévisionnel

L'estimation des ventes ou du chiffre d'affaires (CA) prévisionnel s'obtient par la multiplication de la quantité par le prix. Aussi il convient de calculer le CA par produit ou famille de produits pour tenir compte des spécificités de chaque produit ou service (taux de TVA différents, saisonnalité, etc.). et/ou sur chacun des segments ciblés (offre BtoB et BtoC). On parle toujours ici de CA HT.

Ces prévisions des ventes peuvent se faire de quatre manières différentes, complémentaires, qui permettent une vérification pour arriver à une estimation la plus fine possible.

Ces estimations sont importantes, car elles seront un chiffre essentiel des tableaux financiers et assureront le succès de la nouvelle entreprise. En mettant en regard les gains (CA) et les dépenses (coûts) nécessaires pour atteindre ce chiffre d'affaires, on obtiendra une première idée de la rentabilité future de la nouvelle entreprise.

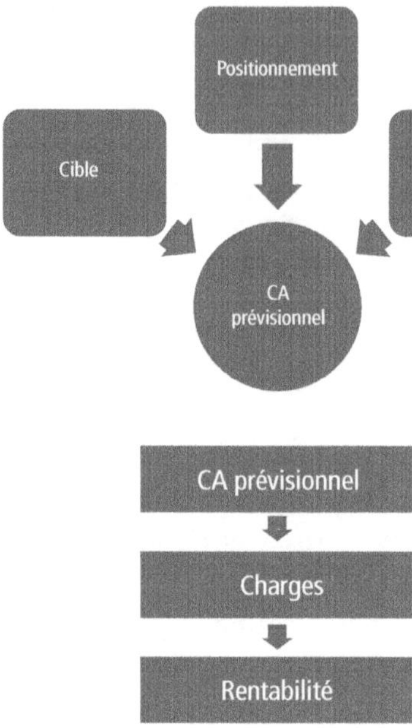

Figure 3.13 – CA et Rentabilité

Il existe plusieurs méthodes pour estimer les ventes, comme le montre la figure 3.14.

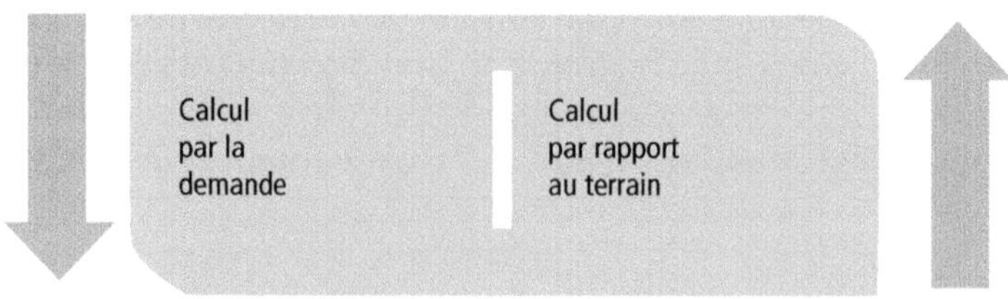

Figure 3.14 – Méthodes de calcul du CA prévisionnel

Première méthode

La première méthode est un **calcul par la demande**, qui se traduit de deux manières différentes.

■ La méthode des « intentions d'achat »

Pour cette méthode, on travaille à partir des réponses des futurs clients BtoC, BtoB ou BtoG sur leurs futurs actes d'achat (interrogés avec un guide d'entretien comme on l'a vu). On utilise un calcul dit de la **chaîne des ratios** où il s'agit en fait d'une série de multiplications pour aboutir à un « CA maximum théorique ».

Le principe consiste, en partant du général au particulier, à multiplier des indicateurs clés, collectés dans la phase d'étude du marché et des concurrents et dans la phase d'enquête terrain. Les avis d'experts prennent ici toute leur importance. Ces indicateurs vont permettre d'obtenir une quantification du marché potentiel ciblé, c'est-à-dire souvent d'un CA maximum.

Si ces informations ne sont pas suffisamment fiables, il est toujours possible de réaliser un **sondage**, mais cette méthode se révèle longue et coûteuse. De plus, elle ne présente pas d'intérêt particulier par rapport à la méthode de la chaîne des ratios, notamment dans la phase de création de l'entreprise, à la seule condition que les informations collectées en amont soient de qualité irréprochable.

Exemples

Calcul du marché grand public (BtoC) : cas d'une entreprise vendant des produits de santé bio aux seniors dans le sud de la France pour commencer.

Calcul	Sources d'information
Population totale française X % des seniors 60/80 ans X % des résidents dans le sud = population concernée (ou source directe : nombre de seniors 60/80 ans habitants le Sud)	Statistiques (Insee, Credoc)

X % de seniors intéressés par une nouvelle offre de ce type de produits = clients potentiels	Enquête auprès des clients
X % de seniors intéressés par LA nouvelle offre = futurs clients	Enquête auprès des clients et avis d'experts
X nombre de produits achetés par an	Enquête auprès des clients
X prix d'achat	Enquête auprès des clients
= CA TTC	

Tableau 3.3 – Chaîne de ratio BtoC

Calcul du marché entreprises (BtoB) : cas d'une entreprise vendant du matériel électronique aux PME d'Ile-de-France pour commencer.

Calcul	Sources d'information
Population totale des entreprises X % des entreprises en Ile-de-France X % des PME = population concernée (ou source directe : nombre de PME en Ile de France)	Statistiques (Insee, CCI)
X % de PME intéressées par une nouvelle offre de ce type de produits = clients potentiels	Enquête auprès des clients
X % de PME intéressées par LA nouvelle offre = futurs clients	Enquête auprès des clients et avis d'experts
X nombre de produits achetés par an	Enquête auprès des clients
X prix d'achat	Enquête auprès des clients
= CA HT	

Tableau 3.4 – Chaîne de ratio BtoB

■ **La méthode des « objectifs »**

Cette seconde méthode s'exprime en part de marché. Elle est assez proche de la précédente en appliquant directement la part de marché souhaitée ou possiblement atteinte sur le marché potentiel total. Ce chiffre peut également provenir des experts ou de sources documentaires très renseignées et récentes. Cette méthode est plus facilement applicable dans le cas d'un commerce où on peut utiliser l'indice de consommation (IDC), les données locales des outils de l'Insee : l'Outil d'aide au diagnostic d'implantation locale (Odil) ou Olila pour l'artisanat.

Deuxième méthode

Il s'agit d'un **calcul par rapport au terrain** pour vérifier la cohérence du calcul précédent. Il peut prendre plusieurs formes :

■ **le calcul par rapport à l'offre** (ou aux moyens mis en œuvre) : ce qu'il est possible de produire, le nombre de places dans un lieu défini, le nombre de jours travaillés pour un consultant, etc., qui aboutissent à un « CA réel » ;

■ **le calcul par analogie :** on prend pour référence un concurrent (le dernier rentré sur le marché) ou le leader du marché pour s'étalonner et « borner » le CA. Bien évidemment, rentrer sur le marché ne permettra pas d'obtenir automatiquement le même CA qu'un concurrent déjà en place ; aussi on appliquera des coefficients de minoration.

Ces coefficients correspondent au temps qu'il faut pour réaliser un CA « de croisière » et s'expriment en pourcentage du CA pour la première année d'existence. Ils sont généralement compris entre 50 et 80 % pour tenir compte de l'absence d'antériorité. Les experts connaissent bien ces coefficients et pourront vous aider à les estimer.

Troisième méthode

Cette méthode est celle du **seuil de rentabilité**. Elle peut être utile dès lors que l'on connaît le détail des charges nécessaires au bon fonctionnement de la nouvelle entreprise. On pourra calculer le seuil de rentabilité, qui permet de visualiser la période à laquelle l'entreprise ne fera ni perte ni bénéfice.

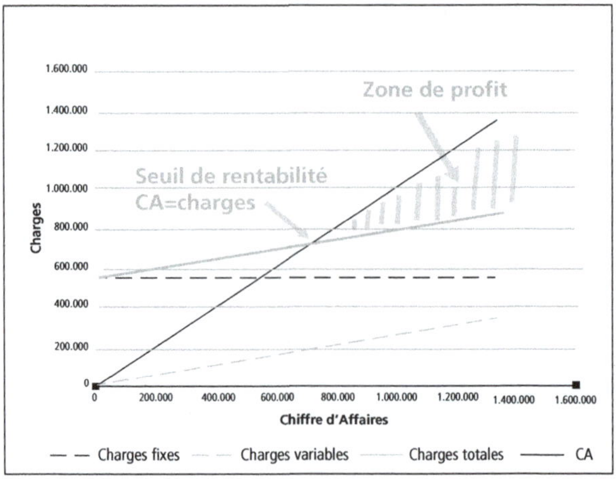

Figure 3.15 – Seuil de rentabilité

Cette estimation et cette visualisation mettent en évidence l'adéquation entre le montant des charges et le montant des ventes. Si les charges sont couvertes au bout de deux mois, on en a certainement oublié ! Si elles ne sont couvertes qu'au bout de longs mois, soit il faut les diminuer (mais lesquelles ?) soit il faut augmenter les ventes (plus difficile !).

Quatrième méthode

La dernière méthode enfin, consiste à faire « comme si on vendait » grâce à l'**expérimentation.** Les « magasins éphémères » ou *pop up stores* permettent dans un temps limité de présenter son offre à des clients dans de vraies conditions de vente. Ces premières ventes peuvent servir d'estimation.

Exemple

La société Easy Malls organise des *pop up stores* dans les centres commerciaux.

On peut aussi expérimenter les ventes dans une zone géographique limitée, appelée zone pilote, pour vérifier le comportement des clients.

La **confrontation** de ces différentes méthodes permettra de contrôler ses prévisions, de se rassurer et de choisir le chiffre d'affaires le plus réaliste (le plus faible des deux), en appliquant le principe de prudence.

Tableau 3.5 – Confrontation des estimations de CA

	Situation	CA prévisionnel pris en compte
CA par la demande > CA par l'offre	Situation favorable où la demande est supérieure à ce que l'entreprise pourra fournir	CA par l'offre
CA par la demande < CA par l'offre	Situation peu favorable, la demande n'est pas totalement au rendez-vous : - Soit réduire les charges (et donc le projet ?) - Soit rechercher une nouvelle clientèle (!)	CA par la demande
CA par la demande > CA par analogie	Situation favorable	CA par analogie
CA par la demande < CA par analogie	Situation peu favorable	CA par la demande
CA < au calcul par seuil de rentabilité	Situation peu favorable	Hypothèses à revoir Estimer le nombre de mois ou d'années avant d'atteindre le seuil de rentabilité
CA > au calcul par seuil de rentabilité	Situation favorable	CA seuil de rentabilité

Ces prévisions seront réalisées pour la première année d'exercice et pour les deux suivantes. Pour ces dernières, on appliquera un coefficient de progression, selon les études sectorielles disponibles.

Conseil

Si l'activité est fortement saisonnière, il est recommandé de présenter des graphiques qui retracent les différences selon les mois ou les périodes.

Scénarios

Réaliser des prévisions des ventes exactes demeure le point le plus délicat à chiffrer, d'où l'habitude prudente de proposer trois scénarios :

- Un scénario **réaliste** à partir duquel tous les tableaux financiers seront ensuite calculés et sur lequel les lecteurs professionnels financiers travailleront et vous apporteront leur réponse. C'est le scénario le plus probable et celui que le créateur souhaite voir se réaliser.
- Un scénario **pessimiste** qui permet de mesurer l'impact des risques identifiés sur la non-réalisation des prévisions souhaitées (ouverture d'une grande surface dans la zone de chalandise, crise économique, délai de R&D beaucoup plus long que prévu, premières commandes qui tardent à venir, etc.).
- Un scénario **optimiste** qui permettra de mesurer les besoins de financement supplémentaires en cas de ventes plus importantes et rapides que prévu. Ce scénario n'est pas réellement pris en compte par les analystes financiers extérieurs, mais il permet de mettre en évidence les incidences sur le besoin en fonds de roulement et la trésorerie. De plus, certains jours, ce scénario « redonne le moral » au créateur.

Toutes ces prévisions seront bienvenues, présentées sous forme de tableaux synthétiques qui expliquent le mode de calcul et simplifient la lecture.

Tableau 3.6 – Scénarios de CA prévisionnel la première année

	Scénario bas ou pessimiste	Scénario moyen ou réaliste	Scénario haut ou optimiste
Marché en volume et/ou en valeur			

Chaque scénario s'exprime en pourcentage en plus ou en moins par rapport au scénario réaliste.

Prévisions pour les 3 premières années

Il est également possible d'anticiper les trois premières années d'exploitation, avec le même découpage en scénario, en prenant en compte l'extension de la clientèle : du cœur de cible la première année à une cible plus élargie la troisième année en passant par une cible immédiate l'année 2, comme le montre le tableau 3.7.

Tableau 3.7 – Scénarios de CA prévisionnel

	Scénario bas ou pessimiste	**Scénario moyen ou réaliste**	**Scénario haut ou optimiste**
Cœur de cible à très court terme (CT)			
Cible immédiate (CT)			
Cible élargie à moyen terme (MT)			

Pour atteindre ce chiffre d'affaires et atteindre les objectifs fixés, des moyens doivent être mis en œuvre.

Les moyens à mettre en œuvre

Une fois le business model défini, il convient de s'intéresser à l'ensemble des moyens nécessaires pour faire « vivre » ce business model et atteindre les objectifs.

Les moyens rentrent dans ce que l'on appelle le **plan opérationnel**, qui comprend les volets suivants : la production, la technologie et sa protection, le marketing et le commercial, la logistique, les ressources humaines[1], l'organisation et la gestion administrative ainsi que tous les éléments spécifiques appelés « autres », comme les partenariats par exemple.

1. Les ressources humaines englobent le personnel salarié et toutes les personnes externes nécessaires au fonctionnement de l'entreprise.

Le **timing** et la **planification** du projet seront également évoqués car ils permettent de mesurer la cohérence entre les résultats financiers attendus et la réalité de l'activité.

La partie « Moyens à mettre en œuvre » doit comporter deux volets : des explications sur les moyens et les raisons de leur choix (premier volet) et leur traduction monétaire « combien ça coûte ? » (second volet). Ces coûts sont les éléments que l'on retrouvera dans la partie « Budget prévisionnel ». Comme un chiffre seul ne signifie pas grand-chose, des explications sur le contexte sont indispensables pour juger de la pertinence des moyens et de leur cohérence avec le projet.

L'ensemble des coûts figurera dans un tableau de synthèse (tab. 3.8) dans le business plan avec les explications indispensables alors que tout le détail sera traité en annexes.

Tous ces moyens renvoient également à la check-list du chapitre 2.

Tableau 3.8 – Tableau de synthèse des moyens

	Description	**Coût**
TECHNIQUES	– –	
PI	– –	
MARKETING	– – – –	
LOGISTIQUES	– –	
HUMAINS	– – –	
ORGANISATION - GESTION ADMINISTRATIVE	– –	
AUTRES : Partenariats	 –	
TOTAL		

PI = Propriété industrielle

Dans les pages suivantes, nous allons passer en revue tous ces éléments.

Des variantes peuvent apparaître au niveau de la présentation en fonction de l'importance de tel ou tel élément nécessaire pour le bon démarrage de l'entreprise. Par exemple, pour un projet innovant, l'aspect technologique sera mis en avant en premier dans la mesure où il représente un atout essentiel pour la nouvelle entreprise. Dans le cas d'une entreprise de services, le personnel peut être un atout majeur.

Moyens techniques

L'organisation de la production des biens et services est à expliciter dans ce paragraphe ainsi que l'originalité de cette organisation (démarche qualité, matériel, etc.). On pourra bien entendu s'appuyer sur les informations récoltées et détaillées dans la check-list. Le choix entre faire (produire) et faire faire (sous-traiter) sera argumenté ici.

La **qualité** est un facteur de compétitivité essentiel. Cet aspect est souvent insuffisamment traité alors qu'il est prioritaire. Des contrôles qualité sont à organiser. L'image de l'entreprise auprès des clients en dépend mais également les retombées financières, car la non-qualité ou la mauvaise qualité coûtent cher. Les interlocuteurs externes seront très sensibles aux informations touchant à la qualité. Les efforts et les dépenses faits en vue d'obtenir une certification (norme ISO…) sont importants à préciser.

Technologie

Quand on évoque la technologie, on fait référence à toutes les techniques et systèmes associés. On observe d'ailleurs une constante : la technologie est de plus en plus présente dans les projets (ex : Foodtech, Edtech, Legaltech, etc.). Il convient ici de démontrer au lecteur le niveau et la maîtrise de la technologie que vous souhaitez exploiter, sans oublier, pour le rassurer, les moyens de sa protection. Le lecteur cherchera à comprendre la technologie utilisée pour situer votre position par rapport à la concurrence et évaluer votre avance ou votre différenciation. Présenter des schémas synthétiques de fonctionnement qui aideront à la compréhension.

Conseil

Ne rentrez pas dans tous les détails du « comment ça marche », mais insistez sur le « à quoi ça sert » !

Pour vous aider, pensez toujours à décrire les produits et services ainsi que la technologie de deux manières différentes :

- la première est votre vison de spécialiste de l'état de l'art, gardez-la pour vous dans un premier temps ;
- la seconde vision est celle des clients qui pensent en terme de « gain » qu'ils vont réaliser en faisant affaire avec vous, qui êtes nouveau sur le marché et qui avez peu ou aucune référence. C'est le « à quoi ça sert ». Cette version seule est à communiquer.

Exemple

Grâce à ce système d'enrouleur, vous gagnerez 5 % sur le temps de la mise en carton, ce qui à la fin du mois représentera xxx euros d'économies.

Expliquez le stade de développement du produit ou service (prototype, tests, pré-série, agrément), ce qui permettra au lecteur d'identifier le temps qu'il faudra attendre pour que votre projet atteigne le marché, le *time to market*. Le timing d'un projet est tout à fait essentiel et bien des succès reposent sur ce que l'on nomme le *just in time*, c'est-à-dire la capacité de rencontrer son marché au bon moment, ni trop tôt ni bien sûr trop tard.

Mettre également en avant tous les avantages de la technologie découverte/maîtrisée/utilisée par rapport aux autres entreprises présentes sur le marché. Il est important d'évaluer et de chiffrer les efforts de recherche-développement faits depuis des mois (ou des années) pour atteindre ce niveau de développement mais aussi les efforts à organiser et à financer dans les prochaines années (combien ?) pour développer d'autres applications et se maintenir dans la course. Ce sera la première relation au chiffrage du projet.

On s'intéressera tout d'abord à la situation au démarrage de l'entreprise puis aux développements futurs et leur traduction en coûts.

- Situation de départ
  - équipe de R&D (personnes, qualifications, salaires) ;
  - acquisition de la technologie (délai, facilité et coût) ;
  - veille technologique (en interne ou externalisée, coût) ;
  - durée de vie de la technologie et moyens de substitution ou de remplacement (délai, coût) ;
  - accords de partenariat pour la R&D (délai, coût) ;
  - services supplémentaires envisagés pour enrichir l'offre (coût) ;
  - etc.
- Développements futurs
  - développements de nouveaux produits ou services envisagés (délai, coût, moyens spécifiques, etc.) ;
  - critères de choix des nouveaux produits et services ;
  - nouvelle technologie à développer ou acquérir ;
  - etc.

Après avoir décrit la technologie, il est indispensable de montrer la réflexion et l'action déjà entreprises ou à entreprendre quant à la protection de cette technologie.

Protection de la technologie

La propriété industrielle englobe la propriété intellectuelle (droits littéraires et artistiques) mais aussi les créations dites matérielles (brevets et marques). Tous ces dépôts se font à l'Institut national de la propriété industrielle (INPI, Inpi.fr).

■ Se protéger par un brevet

Déposer un brevet est un choix stratégique important mais le simple dépôt ne protège le déposant que dans la mesure où il exploite ce brevet et organise le suivi de cette protection (il doit apporter la preuve de la contrefaçon). Ces deux actions entraînent des dépenses à prendre en compte dans les prévisions.

Le choix existe entre le dépôt et le secret, possible dans certains secteurs à condition d'innover en permanence pour garder son avance et son avantage compétitif. Cette innovation constante a également un coût.

Le brevet permet de protéger pendant vingt ans une invention à condition qu'il s'agisse « d'une solution technique apportée à un problème technique, qu'elle soit nouvelle, implique une activité inventive et susceptible d'applications industrielles ».

Sont exclus de la protection les découvertes scientifiques publiées, les programmes informatiques (bien que des discussions soient en cours à Bruxelles), les plans et toutes inventions contraires à l'ordre public et aux bonnes mœurs (voir plus de détails dans les compléments en ligne.

Conseil

Aucune divulgation publique (colloque, revue scientifique, etc.) ne doit avoir été faite auparavant pour pouvoir prétendre déposer un brevet. Cette mésaventure arrive fréquemment à des chercheurs qui participent à des colloques et présentent des papiers de recherche sur leurs innovations. Dans ce cas, ces dernières ne pourront jamais être brevetées.

Se protéger est un véritable choix stratégique car un brevet est également un outil de conquête de marché et une arme économique face aux concurrents. Il peut être par ailleurs une source de revenus. À l'inverse de l'**exploitation directe** des résultats de l'innovation par la vente des produits, **l'exploitation indirecte** se traduit soit par une concession de licence qui s'apparente à une location de la technologie, soit par une cession qui s'apparente à une vente.

Première source de revenus : la concession de droits sur un brevet

La licence peut porter sur tout ou partie des droits attachés au brevet (fabrication, utilisation, vente) pour une exploitation dans un domaine déterminé sur un territoire déterminé et pendant une durée déterminée. Elle doit être inscrite au Registre national des brevets (RNB) pour être opposable aux tiers. Il est possible de prévoir le cas échéant la transmission du « savoir-faire » associé et ses modalités (prix, etc.) ainsi que le droit de sous-licencier.

Seconde source de revenus : la cession d'un brevet

Il est possible de transférer la propriété, à titre gratuit ou payant, d'un brevet par le biais d'un contrat de cession établi par un acte sous seing privé ou authentique entre les deux parties. Cette session doit être inscrite au RNB pour être opposable aux tiers à la condition que le/les titulaire(s) mentionné(s) du brevet soi(en)t également mentionné(s) à ce registre.

Par exemple un centre de recherche public peut transférer la propriété du brevet au chercheur qui a fait la découverte et qui souhaite l'exploiter en créant son entreprise.

Conseil

Il est important de bien examiner et de déterminer qui est le détenteur du brevet et de ses droits. Parfois, un organisme de recherche et un chercheur de ce même organisme peuvent en être propriétaires. Par ailleurs, le brevet peut appartenir au créateur en tant que personne ou peut être déposé au profit de la nouvelle entreprise. Dans tous ces cas, les droits d'exploitation ne sont pas identiques.

■ Avant de déposer un brevet, il est possible et même préférable de déposer une « **enveloppe Soleau** » pour prendre date. C'est un moyen de preuve simple (il donne une date certaine à son contenu) et peu coûteux (15 euros) mais n'est en aucun cas un titre de propriété industrielle. Il n'en découle aucune protection directe et elle ne peut se substituer à un brevet. Son enregistrement se fait à l'INPI.

Autres éléments à protéger

Si la nouvelle entreprise n'a pas de technologie à protéger, elle doit penser à la propriété intellectuelle de ses **dessins** ou **modèles**. La protection des dessins et modèles s'applique à l'apparence d'un produit ou d'une partie de produit, caractérisée en particulier par ses lignes, ses contours, ses couleurs, sa forme, sa texture ou ses matériaux. Il ne s'agit plus d'innovation technique mais d'innovation esthétique.

Pour bénéficier de la protection, le dessin ou modèle doit être nouveau, c'est-à-dire qu'il ne doit pas être identique ou quasi identique à un dessin ou modèle divulgué antérieurement. Il doit également présenter un caractère propre, c'est-à-dire susciter chez l'observateur averti une impression visuelle d'ensemble différente de celle suscitée par toute création divulguée antérieurement. La forme des objets industriels est également protégée par le droit d'auteur, sans formalités. Le dépôt de dessins ou modèles confère une date certaine à la création et son titulaire bénéficiera d'une présomption de propriété. Les dessins et modèles peuvent être protégés pendant cinq ans, renouvelables quatre fois maximum par période de cinq ans. Les dépôts à l'INPI sont gardés secrets. Le coût est faible (cf. compléments en ligne).

La **marque** ne s'applique pas à une entreprise mais à ses produits ou services. C'est un signe distinctif de reconnaissance qui garantit l'origine et la qualité du produit et permet de la différencier de ses concurrents. Elle permet aussi à une entreprise de conquérir une clientèle et de la fidéliser. Il s'agit d'un capital qu'il faut protéger à l'INPI dans une perspective de développement, d'autant que le coût de la protection est faible.

Il existe trois catégories de marque :

- Les marques de fabrique identifient les produits ou services d'un artisan ou d'un industriel. Elles sont utilisées pour les produits intermédiaires (comme la marque Tergal®) ou les produits finis.
- La marque de commerce est celle qu'un distributeur appose sur ses produits (comme Tex® pour les vêtements vendus par Carrefour).
- La marque de services désigne des services comme la location de voiture ou la coiffure (comme par exemple Europcar®).

Le **logo** est un élément de repère pour les clients. Il peut être un élément figuratif, c'est-à-dire un signe visuel (dessin, emblème, hologramme, figure abstraite ou représentative) ou un monogramme (les « C » entrelacés de Chanel) et doit être nouveau et disponible. Le logo fait partie du patrimoine de l'entreprise et doit donc être protégé. La procédure de protection se fait à l'INPI ; il peut être déposé soit comme une marque soit comme un dessin et modèle ou bien les deux. Le coût sera identique à celui d'une marque ou des dessins et modèles.

Si vous créez un site Internet vitrine ou un site de e-commerce, il vous faudra un nom de domaine. Le **nom de domaine**, qui est la partie de l'adresse du site de l'entreprise sur Internet, est protégeable. Le choix de l'extension .com, .org, .eu, .net, ou autre détermine l'organisme compétent auquel s'adresser. Pour déposer un nom de domaine avec l'extension .fr, il convient de s'adresser à l'Association française pour le nommage d'Internet (Afnic) sur Afnic.org ou .fr. Le coût est faible (de 30 à 65 euros par an). Le principe du premier arrivé premier servi est la règle.

Rappelons que, depuis le 12 décembre 2002, les Centres de formalités des entreprises (CFE) situés dans les Chambres de commerce et d'industrie pré-enregistrent, pour une durée de quinze jours, le nom de domaine en .fr des nouvelles entreprises.

Liaison avec la finance

Les frais d'enregistrement ne sont pas déductibles du résultat comptable de l'entreprise. Ils doivent figurer à l'actif du bilan sous la rubrique « immobilisations incorporelles ». Toutefois, si la demande d'enregistrement est refusée, les frais d'enregistrement sont alors déductibles.

Moyens marketing

Les moyens marketing et commerciaux sont décrits dans le plan marketing (appelé également « marketing mix ») : ils sont la traduction des informations obtenues lors de la réalisation de l'étude de marché et des choix de positionnement faits en amont.

Le **plan marketing** concernera les points suivants : les produits ou services, les prix, la distribution et la communication (les « 4 P »). Pour les activités de services, trois autres « P » s'ajoutent aux premiers qui sont *Process* (l'interaction avec les clients), *People* (la force de vente) et *Physical evidence* (les composantes de l'espace de vente). La figure 3.16 reprend cette déclinaison.

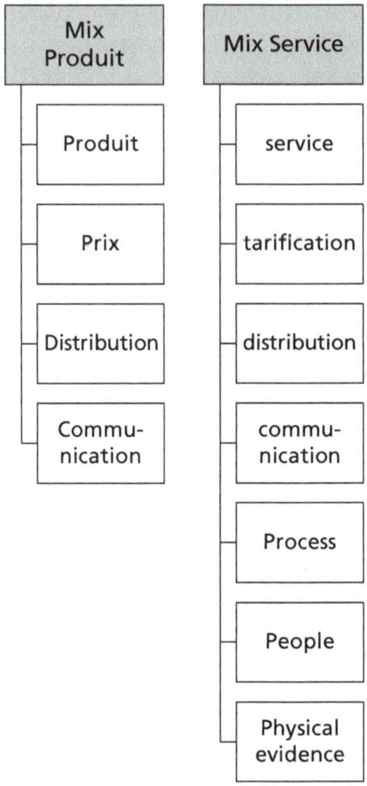

Figure 3.16 – Le mix produit et service

Produit

Ce point prend en compte les caractéristiques de la gamme des produits ainsi que la marque et le logo. La **gamme des produits** proposés comprend sa largeur et sa profondeur, comme le montre la figure 3.17.

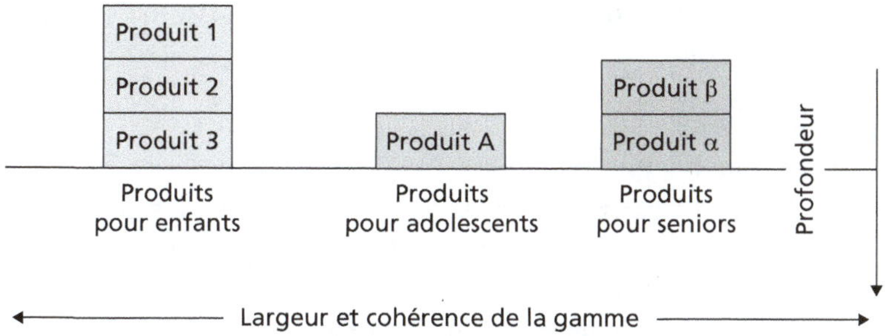

Figure 3.17 – Largeur et profondeur d'une offre

Conseil

Il est souvent plus intéressant d'enrichir l'offre initiale de produits pour satisfaire la cible choisie (enrichir le produit 1 par le produit 2, puis le 3), c'est-à-dire d'augmenter la profondeur de cette offre, avant d'envisager d'élargir l'offre à d'autres cibles. La maîtrise des produits actuels permet une bonne rentabilité car cette déclinaison ne nécessite pas de nouvelles charges très importantes (pas de recherche-développement, moins d'effort en termes de communication par exemple, etc.). Après avoir travaillé la profondeur de l'offre, il sera possible d'étendre cette offre à de nouvelles cibles de clientèle (élargissement de l'offre).

La **marque** et le **logo** traduiront en image cette gamme pour les clients : entreprise innovante, vendant des produits fiables, entreprise *low cost*, etc.

Prix

Le prix, associé à la marque, représente la valeur du produit, c'est-à-dire le prix que le client est prêt à payer pour se procurer ce produit.

Les éléments suivants sont à préciser :

- le **niveau** de prix (fixé par rapport à la concurrence : prix de positionnement, par rapport aux clients : prix psychologique et fixation par rapport aux coûts : coût + marge) ;
- les **types** de prix (à l'utilisation, par abonnement, etc.) ;
- les **conditions de paiement** (délais de paiement, vente à crédit, etc.) ;

- les **moyens de fidélisation** (carte de fidélité, ristournes, promotions, etc.).

Distribution

Elle renvoie aux éléments suivants :

- le choix des **canaux de distribution** et des modes de distribution (directe : en boutique, Internet, ou indirecte : *via* des réseaux de distribution existants) ;
- le choix et l'**aménagement du point de vente** ou des locaux ;
- l'estimation du nombre de clients à visiter pour organiser les **équipes de vente**, selon les périodes ;
- le profil des vendeurs nécessaires à ce type de produit ou service : peut-on utiliser des VRP ? Doit-on embaucher des agents commerciaux ? Est-il préférable de passer par un distributeur exclusif ? ;
- le mode de rémunération des vendeurs ;
- les besoins de recrutement nouveaux ;
- l'estimation des efforts de formation des vendeurs ;
- l'estimation des efforts de vente et de prospection des nouveaux clients ainsi que des efforts pour suivre la concurrence ;
- le coût de la distribution.

Exemple

Kidizz

Le logiciel Kidizz a pu être vendu en France au retour de son créateur dans l'Hexagone en 2014 *via* les réseaux Babilou et Les Petits Chaperons rouges.

Les moyens du créateur étant le plus souvent limités, les ventes éphémères sont un moyen astucieux pour démarrer et se faire connaître.

Exemple

La société Chonostock est une enseigne de distribution qui ouvre des magasins éphémères pour une durée d'un à six mois, dans des locaux commerciaux inoccupés.

Communication

La communication est essentielle pour faire connaître la nouvelle entreprise et son/ses offre(s) et donner des repères aux futurs clients.

Tous ces éléments sont coûteux, il est essentiel de bien les choisir et les préciser :

- les modalités de publicité (Internet, réseaux sociaux, flyers, radio, affichage, TV, bus, etc.) ;
- le lancement d'un site Internet présentant l'entreprise et son référencement sont indispensables même si l'entreprise ne fait pas de e-commerce ;
- l'organisation du lancement et de la promotion des ventes (choix des médias, budget, période) ;
- la politique de communication supplémentaire : salons professionnels à ne pas manquer, marketing direct, *street marketing*, etc. ;

Exemples

- Salons-online.com est le premier portail des salons et événements professionnels. La recherche peut se faire selon l'ordre alphabétique ou selon le secteur d'activité mais aussi par ville, par date ou par organisateur. Le site comporte également une partie pratique qui renvoie à d'autres sites bien utiles pour préparer son déplacement. Des invitations pour certaines manifestations sont offertes et envoyées par mail ainsi que la liste des prochains grands rendez-vous.
- Expodatabase.com est spécialisé dans 1 700 foires et salons dans le monde entier et les voyages d'affaires. La recherche peut s'effectuer par secteur d'activité, par pays (80) mais aussi par date.
- Foiresalon.com recense tous les événements en France.

- la réalisation d'une plaquette de qualité et préparation de documents commerciaux et d'argumentaires (papier, vidéo) ;
- le budget de communication global.

Certains moyens de communication sont peu onéreux. On peut utiliser des sites communautaires ou des parties de sites traditionnels pour générer du trafic et faire du *buzz* (publicité virale), qui donneront une image particulière à l'entreprise. De même une présence active sur Internet (site, blog, forum, etc.) est indispensable pour augmenter la notoriété de la nouvelle entreprise.

Pour les **entreprises de service**, les aspects intangibles, immatériels et non stockables du service renforcent certains éléments auxquels le créateur doit consacrer plus d'efforts. Ainsi le personnel et l'espace de vente sont encore plus déterminants ici. Ces efforts supplémentaires se traduiront inévitablement en termes de coûts supplémentaires. Leur organisation doit être explicitée.

Process

- Organisation de la production du service (en direct ou sous-traitance).
- Arbitrage entre front-office et back-office (aménagement des locaux).
- Nécessité de faire appel à des salariés spécialisés ou non (recrutement, formation, fidélisation).

People

- Recrutement du personnel (spécialisé ou non).
- Formation du personnel (standardisation, sur-mesure).
- Fidélisation du personnel (récompenses, avancement).

Physical evidence

- Localisation pour recevoir les clients (choix de l'emplacement).
- Organisation physique des lieux (accueil [front-office], production [back-office]).
- Aménagement et décoration.

Enfin il faut construire un plan d'actions commerciales cohérent (calendrier, cibles, moyens) et évaluer l'ensemble des coûts : les coûts de démarrage (conseil en recrutement, formation, actions initiales, etc.) et les coûts récurrents (actions commerciales courantes, gestion des implantations commerciales, etc.). Le plan sera synthétisé par année pour identifier les efforts nécessaires au départ et les efforts des années suivantes.

Ces efforts seront traduits en charges commerciales comme le montre le tableau 3.9. Les actions liées aux postes *People* et *Physical evidence* seront intégrées dans la catégorie Distribution et les actions *Process* se retrouveront dans les catégories Distribution, Communication et Service après-vente.

Tableau 3.9 – Chiffrage du plan marketing

	Année 1	Année 2	Année 3
Service avant-vente			
Politique de produits ou de services			
Politique de prix			
Politique de distribution			
Politique de communication			
Service après-vente			

Ne pas oublier ce qui entoure la vente

L'**avant-vente** couvre toutes les activités requises en amont de la vente, c'est-à-dire les premiers contacts avec les clients, la réponse à des appels d'offres lorsque les clients potentiels soumettent un cahier des charges.

Le créateur, « premier VRP » de son entreprise, mais aussi les commerciaux doivent disposer de supports écrits et digitaux les plus complets possibles comme des argumentaires produits mais aussi des supports de présentation sur le lieu de vente, etc.

Il peut être utile de prévoir la mise à disposition de matériel chez les prospects et les distributeurs ; dans ce cas il faudra compter un budget important (immobilisations).

Le **service après-vente** désigne l'ensemble des services associés aux produits et services que vous offrez à vos clients, avec ou sans supplément de prix. Il s'agit de l'ensemble des services tels que les garanties, les réparations et la maintenance. Le service après-vente peut être un élément important de la décision d'achat pour tous les biens durables et techniques, et ce, quel que soit le type de clientèle (particuliers, industriels ou administrations).

Exemple

L'entreprise Darty a fondé sa réputation sur son service après-vente rapide et efficace. Cela ne l'a pas empêché d'offrir un sur-service après-vente mais cette fois payant (garantie cinq ans payante au lieu des deux ans gratuits).

Le service après-vente rentre dans l'évaluation de la valeur pour le client. Dans ce cas ne considérez pas seulement le service après-vente comme une activité à organiser et comme un coût à supporter mais également comme une manière de vous différencier par rapport à la concurrence. La communication de ce SAV sera prise en compte dans l'ensemble des dépenses.

Exemple

Un installateur de chaudières murales sur le marché des particuliers a décidé d'offrir deux types de service dans le but de fidéliser sa clientèle. Tout d'abord il offre l'entretien ou le dépannage à la demande. Mais il propose également un abonnement, moyennant un prix plus élevé, permettant un dépannage ou un entretien plus fréquents et sans délai au cours d'une année. Cette dernière version, véritable service après-vente, apporte deux avantages : une meilleure image et une fidélité des clients mais également une rentrée d'argent récurrente (bonne pour la trésorerie).

Le plan de l'ensemble des actions marketing doit être prêt le jour « J », comme on le rappellera dans le paragraphe sur le timing.

Moyens logistiques

On rentre ici dans le cœur du fonctionnement de la nouvelle entreprise, par le biais des flux entrants et sortants de marchandises, de biens et de services.

Un tableau complet des fournisseurs potentiels (disponibilité et qualification, coûts et délais) relatant les clauses principales des contrats, notamment les clauses sur les prix d'achat, les délais de paiement, les délais d'engagement, les volumes et les modalités de paiement a été réalisé dans la check-list (ce paragraphe pourra figurer en annexe). Il est intéressant d'expliquer dans ce paragraphe les choix faits en matière de logistique et les raisons de ces choix, en fonction des éléments suivants :

- Quel est le fournisseur le plus intéressant et le plus fiable ?
- Quels sont les indicateurs importants/clés pour l'activité : niveau de qualité, délai de livraison, quantités possibles, délai, prix, modalités de paiement ?
- En matière de livraison, faire en interne ou faire faire ?

Exemple

Dans certains métiers, les achats représentent le facteur clé de succès d'un business, comme par exemple dans la restauration ou plus globalement dans le « food business ».

Ces choix doivent montrer la cohérence entre les solutions retenues et la nature du projet. Ils auront des répercussions financières, sans oublier qu'une nouvelle entreprise doit rester concentrée sur son métier (être « focus »). On peut illustrer cette réflexion par la figure 3.18.

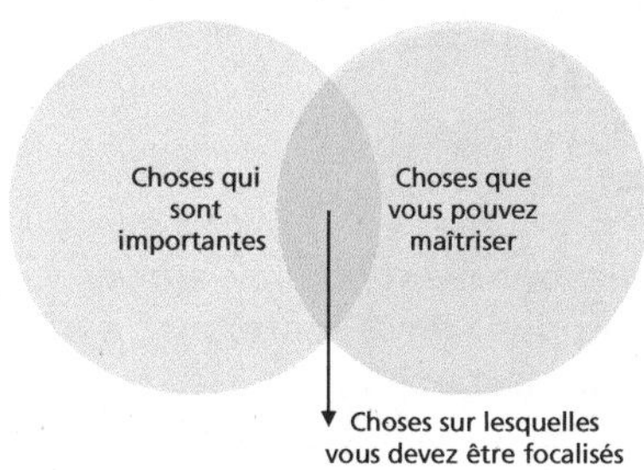

Figure 3.18 – Réfléchir à ce que l'on « sait faire »

La livraison est un bon exemple. Est-ce le métier de la nouvelle entreprise de livrer ses clients ? A-t-elle le personnel nécessaire ? Quel en est le coût ? N'est-il pas plus simple et plus économique d'externaliser ce service et de faire appel à une entreprise dont c'est justement le métier ? Dans ce dernier cas, on peut être exigeant, même sur les conditions et les délais par exemple.

Moyens humains

Également au cœur du fonctionnement de la nouvelle entreprise, l'organisation des ressources humaines est déterminante pour la viabilité du projet, d'autant qu'au démarrage l'équipe est le plus souvent très restreinte. Les moyens humains dont dispose l'entreprise pour démarrer et ceux dont elle souhaite disposer quelques mois et/ou années plus tard doivent être explicités séparément.

Personnel de départ

- Fondateur(s) et dirigeants actuels et leurs compétences.
- Organisation du travail de la jeune équipe.
- Nombre de personnes, qualifications et compétences en fonction de la charge de travail.
- Mode de délégation et de contrôle mis en œuvre.
- Politique de management des ressources humaines et politique salariale (développement de carrière que vous pouvez proposer à vos salariés).
- Définition des besoins en formation et évaluation du coût.
- Facilités d'embauche possibles (aides, etc.).
- Coût du personnel.

Conseil

Certains emplois sont des « emplois aidés ». Les textes évoluent souvent, il est prudent de se renseigner auprès de Pôle Emploi, Bpifrance, l'Urssaf, notamment sur les conditions d'acceptation du dossier (avant, au moment de l'embauche ou après).

Présentez un organigramme simple de la société à son démarrage.

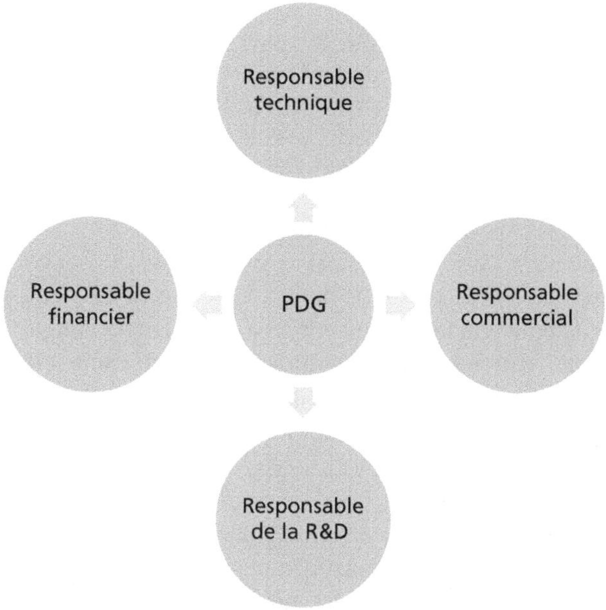

Figure 3.19 – Organigramme en « soleil »

Au démarrage de l'entreprise, le personnel est peu nombreux et l'équipe dépend directement du PDG ou du gérant qui assure la fonction de développement de l'affaire. Cette structure « en soleil » permet une grande flexibilité et une bonne circulation de l'information. Elle est très dynamique pour débuter et devra se professionnaliser au fur et à mesure de la croissance de l'entreprise. Cela est d'autant plus vrai si la croissance prévue est forte et rapide.

La manière de gérer l'entreprise au départ avec peu de personnes est cruciale pour le lecteur-investisseur qui s'implique d'abord dans une équipe. La cohérence entre les qualifications du personnel et le niveau de rémunération sera précisée ici. Toutes les activités non stratégiquement essentielles pour démarrer doivent être externalisées (comptabilité, ménage, logistique, etc.).

Conseil

Pour diminuer vos charges de personnel pendant la période d'avant installation ou pendant les premières semaines/mois qui suivent l'installation de la nouvelle entreprise, vous pouvez avoir recours au secrétariat virtuel. La seule condition est de considérer ce service comme une alternative ponctuelle.

Ressources humaines futures

L'équipe de direction est-elle au complet ou des embauches sont-elles nécessaires et à quel horizon ? Quels sont les postes manquants ? Quelle est la meilleure manière de les recruter et à quel coût ? Quel appel à la sous-traitance ou à l'intérim est prévu ?

Ce paragraphe retrace les besoins en personnel dans les trois prochaines années. Votre personnel est la clé du succès. S'il vous manque des compétences, ce n'est pas une catastrophe à la condition de pouvoir recruter : décidez et planifiez les recrutements de compétences spécifiques ou l'appel à la sous-traitance. N'oubliez pas que certaines compétences sont à la fois difficiles à trouver et coûteuses. Il convient d'en tenir compte dans les prévisions. Préparer pour chaque poste son « job description » qui décrit vos attentes pour chaque salarié.

Si l'entreprise prévoit une augmentation du nombre de personnes très importante, il est intéressant de présenter également le nouvel organigramme avec la répartition des tâches et prendre en considération les nouveaux besoins en locaux, matériel, etc. qui sont un coût supplémentaire par rapport à l'investissement initial prévu. Dans la figure 3.20, les ventes devraient augmenter à l'exportation et une nouvelle fonction lui sera dédiée à partir du milieu de la deuxième année.

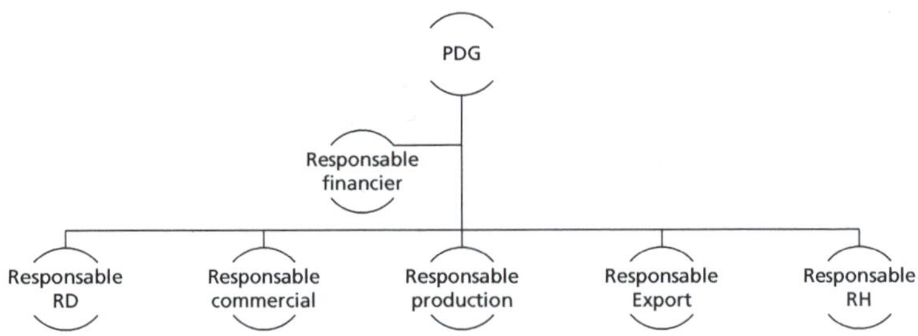

Figure 3.20 – Organigramme année 3

Développer une culture de contrôle et de suivi, établir des reporting mensuels, tout en gardant l'esprit start-up ou jeune entreprise n'est pas si simple mais indispensable. Ce dernier point intéresse beaucoup les interlocuteurs financiers car il leur assure le contrôle du suivi des dépenses et des rentrées financières et *in fine* de la trésorerie.

Exemple

> Le cofondateur du site de petites annonces LeBonCoin.fr, Olivier Aziac, reconnaît qu'avec la croissance rapide de son entreprise (de 2 à 200 salariés), le plus difficile est de s'assurer qu'elle « ne perd pas son âme ». Un management de proximité, pragmatique, centré sur les résultats et la définition d'objectifs le permettent.

Organisation et gestion administrative

Ce volet retrace les différents éléments nécessaires à la création proprement dite de l'entreprise, c'est-à-dire son immatriculation, mais aussi tous les aspects contractuels (règlement intérieur, procédures informatiques, etc.) et administratifs (autorisations d'implantation ou permis exigé, exigences administratives particulières, aide ou attitude des collectivités locales, relations avec les administrations, etc.) ainsi que les assurances, sans oublier le pilotage de l'activité.

Immatriculation

Savoir où déclarer son activité n'est pas toujours chose simple. Le tableau suivant permet aux différents types de créateur de retrouver le Centre de formalités des entreprises (CFE) où déclarer la nouvelle entreprise (selon les statuts ce sont des organismes différents qui peuvent faire office de CFE). Ces éléments seront déterminés dès que le choix de la structure juridique sera fait (voir plus loin).

Tableau 3.10 – Organismes où immatriculer la nouvelle entreprise

Type d'activités	Où déclarer son activité ?
Commerciale (EIRL, SARL, SA, SAS, SASU, EURL, SNC)	Chambre de commerce et d'industrie
Artisanale	Chambre des métiers
Libérale (réglementée ou non)	Urssaf
Auto-entrepreneur Micro-entrepreneur	Enregistrement en ligne CFE
Artistes, auteurs assujettis à la TVA	Centre des impôts
Personnes physiques et morales exerçant à titre principal des activités agricoles	Chambre d'agriculture
Société civile (SCI, SCM, SCP) Société d'exercice libéral (SELARL, SELAFA, SELCA) Agents commerciaux (entreprises individuelles) Établissements publics industriels et commerciaux (EPIC) Groupement d'intérêt économique	Greffe du Tribunal de commerce

■ **S'immatriculer en ligne**

Il est également possible de s'immatriculer gratuitement en ligne sur Guichet-entreprises.fr ou dans les CFE.

Attention

De nombreuses entreprises proposent ces services moyennant finance. Or, vous pouvez faire la démarche gratuitement.

Depuis 2003, les formalités d'immatriculation ont été simplifiées pour les commerçants et les sociétés. La notion de siège social est remplacée pour les commerçants personnes physiques, les artisans et les professions libérales par la notion d'adresse de l'entreprise. Les commerçants peuvent déclarer l'adresse de leur local d'habitation et y exercer une activité, dès lors que celle-ci ne relève pas d'une législation spécifique et n'est pas explicitement interdite par le contrat de bail. Pour les sociétés, la loi autorise l'installation du siège social au domicile de son représentant légal, sans limitation de durée, sauf législation particulière ou contre-indications dans le contrat de bail.

Aspects contractuels et administratifs

S'organiser pour fonctionner requiert un personnel qualifié et représente donc un coût à bien identifier. Il convient également de prendre en compte toutes les procédures de contrôle financier (par un expert-comptable, un auditeur, etc.) et d'identifier une banque partenaire, ainsi que les modes de suivi de l'activité (*reporting*). Tous ces éléments représentent un coût inévitable.

Les éléments à prendre en compte ici sont les suivants :

- montage des dossiers administratifs pour la création d'une nouvelle entreprise, pour obtenir des aides à la création d'emplois ou tout autre dossier administratif ;
- définition des modalités de gestion du personnel et évaluation des coûts associés ;
- procédures : informatique, assurances, etc.

Rappelons qu'il convient de se reporter aux éléments listés dans la check-list pour évaluer ces coûts.

> Certaines sources d'information peuvent être utiles à ce niveau. On peut citer le ministère de l'Économie qui fournit des informations aux créateurs. Au sommaire : créer, transmettre et développer l'entreprise, importer-exporter, s'implanter à l'étranger, examiner les difficultés financières, concourir pour un marché public, etc. Le site Economie-gouv.fr permet également d'accéder à des formulaires et de télécharger des documents.
>
> Le site Netpme.fr fournit des dossiers et modèles de contrat ainsi qu'un forum et des annuaires.
>
> Le site de l'administration fiscale, Impots.gouv.fr, permet de télécharger des modèles d'actes nécessaires pour l'enregistrement d'une société, une modification de capital, une cession de parts sociales, une cession de fonds de commerce, etc.

Assurances

Un dossier important parfois oublié est celui des assurances. L'entreprise ainsi que son responsable doivent être assurés.

Rappel sur les assurances

- L'assurance responsabilité couvre les dommages causés aux tiers. La plupart des contrats assurent « les conséquences de la responsabilité civile en raison des dommages causés à autrui du fait des activités de l'entreprise ». Cette assurance concerne toutes les personnes autres que l'entreprise assurée et ses salariés. Elle couvre les activités accomplies dans le cadre de l'exploitation, y compris les activités accessoires (restaurant, crèche...).
- L'entreprise peut également prendre une assurance de responsabilité civile pour les produits livrés.
- L'assurance dommages sert à couvrir les dommages que subit l'assuré (incendie, dégât des eaux, vol, perte d'exploitation...).
- L'assurance perte d'exploitation est indispensable. En cas de sinistre grave par exemple, il faut de longs mois avant de reprendre une activité normale alors que les charges fixes (salaires, loyers, etc.) continuent à courir. L'assurance perte d'exploitation permet de réduire l'impact du sinistre. L'objectif est de replacer l'entreprise dans la situation financière où elle aurait dû se trouver si le sinistre n'avait pas eu lieu. C'est au chef d'entreprise de choisir la durée de garantie et il est conseillé de compter large. Les compagnies d'assurances proposent plusieurs contrats aux entreprises. Il est tout à fait obligatoire de lire les clauses d'exclusion avant de signer ces contrats.

Depuis le 1er janvier 2017, l'employeur doit faire bénéficier tous ses salariés d'une couverture complémentaire des frais de santé (mutuelle), quelle que soit leur ancienneté dans l'entreprise, s'ils n'en disposent pas déjà. Il doit prendre au minimum 50 % de la dépense à sa charge (se renseigner sur les modalités sur Service-public.fr).

Le pilotage

Le créateur d'entreprise doit intégrer ou développer une culture d'entreprise de croissance. Cela implique de maîtriser les problématiques liées à un développement rapide de l'activité. Le contrôle du suivi des activités et la répartition des activités permettront d'assurer la croissance. Les tableaux de bord et indicateurs financiers de suivi sont des informations synthétiques nécessaires pour évaluer l'activité de l'entreprise, anticiper ses risques et adapter le pilotage en conséquence. Un tableau de suivi permet de piloter l'activité et d'anticiper les décalages de trésorerie, et d'en informer les actuels et futurs investisseurs.

Autres moyens

Ce paragraphe sert à mettre en évidence des aspects spécifiques de votre projet, comme les partenariats.

Partenariats

Ne sous-estimez pas l'aide que vos partenaires peuvent vous apporter, qu'ils soient commerciaux, industriels, distributeurs, financiers ou une aide en recherche-développement.

On évoque largement les **partenaires financiers** dans la mesure où ils sont des apporteurs de capitaux pour démarrer l'exploitation de la nouvelle entreprise. Mais les partenaires commerciaux ou distributeurs sont aussi particulièrement intéressants dans la mesure où ils peuvent vous aider à trouver des clients, des fournisseurs ou à vendre vos produits et services.

Les **fournisseurs** vous procureront des matières premières, des composants, des produits ou des services mais également des délais certains, des standards de qualité, des quantités d'approvisionnement, des prix et parfois des délais de paiement. Essayez toujours de signer des partenariats avec plusieurs fournisseurs c'est-à-dire au moins deux. Au cas où l'un d'entre eux pose problème (disparition ou concurrence), il est toujours important de pouvoir compter rapidement sur un deuxième fournisseur.

Les **distributeurs** vous assureront l'écoulement de vos produits et services moyennant un pourcentage sur les ventes. La même remarque que précédemment est également valide en ce qui concerne le nombre de partenaires.

Les **laboratoires de recherche publics** ou de **grandes entreprises** pourront s'avérer des partenaires intéressants pour développer des programmes de recherche-développement.

Exemple

Pour assurer son développement, l'entreprise Ucar a passé des partenariats avec des concessions automobiles pour aborder le marché de la location courte durée aux particuliers *via* le véhicule de remplacement. Il a géré l'activité véhicule de remplacement des concessionnaires Opel qui souhaitaient offrir ce genre de service à leurs clients contraints de laisser leur voiture au garage. Ucar a ensuite développé des *corners* à son nom dans les garages à la manière des marques de luxe dans les grands magasins. Les clients se sont habitués à ce nouveau service et ont commencé à louer des voitures aussi pour le week-end et les vacances. Ces alliances ont ainsi permis à Ucar de rôder son offre et de s'assurer que son parc de véhicules et ses tarifs pouvaient lui permettre de louer les véhicules le week-end. Ucar et OpelRent utilisent la même plateforme de réservation.

Certaines **grandes entreprises**, *via* leur service innovation, peuvent se révéler d'une aide importante si votre projet s'insère dans leur stratégie globale ; sans compter celles qui mettent en place des programmes d'**essaimage** pour aider leurs propres salariés.

Exemples

Carrefour innovation travaille avec des start-up dans les domaines de la technologie informatique et les data.

Les Galeries Lafayette feront la promotion du nouveau site Internet l'Habibliothèque dans cinq magasins de province (abonnement contre choix temporaire de vêtements).

Il faut mettre en avant dans ce paragraphe les noms des partenaires, leurs avantages et les raisons de leur choix, ainsi que les éléments qui rentrent dans le partenariat (durée, lieu) et les avantages que vous en tirez pour votre nouvelle activité. Par ailleurs, il convient de ne pas oublier de préciser les personnes impliquées dans ce partenariat ainsi que les coûts engendrés.

Aspects juridiques

Ils concernent le choix de la **structure juridique** de l'entreprise ainsi que tous les **éléments juridiques** en relation avec les aides et les textes juridiques.

Les statuts ou les projets de statuts pourront vous être demandés lors de négociations avancées avec des interlocuteurs, notamment financiers. Le choix de la structure sera explicité dans le BP.

Éléments sur les structures juridiques

Le créateur doit choisir sa structure juridique. Les deux grandes catégories de forme juridique, l'entreprise individuelle ou la société, se distinguent sur presque tout. Le choix se fera en fonction du profil du créateur, de l'activité de la nouvelle entreprise et des ambitions du créateur.

L'entreprise individuelle

Dans l'**entreprise individuelle** (choisie par plus de 50 % des créateurs), l'entreprise et son créateur ne font qu'un. Il en résulte une grande liberté d'action : l'entrepreneur est le seul « maître à bord », il n'a de comptes à rendre à personne. La notion d'abus de bien social n'existe pas. En contrepartie, les patrimoines professionnels et personnels sont juridiquement confondus, sauf si on effectue une déclaration d'insaisissabilité devant notaire. L'entrepreneur individuel est donc responsable des dettes de l'entreprise sur l'ensemble de ses biens propres, à l'exception de sa résidence principale, et dans certains cas sur ceux de son conjoint (s'il est marié sous le régime légal de la communauté réduite aux acquêts).

L'entreprise porte officiellement le patronyme de son dirigeant auquel il est possible d'adjoindre un nom commercial (L'entreprise « Jardin vert »). Les bénéfices figurent en bénéfices industriels et commerciaux (BIC) ou non commerciaux (BNC) dans la déclaration d'impôt sur le revenu du dirigeant. Les formalités de création sont extrêmement simples, il suffit de demander son immatriculation en tant que personne physique auprès du Centre de formalités des entreprises situé à la Chambre de commerce et d'industrie pour les commerçants, à la Chambre de métiers pour les artisans et à l'Urssaf pour les professions libérales (voir le tableau 3.10).

Ce type de structure juridique est particulièrement simple mais risqué pour un créateur ! Deux autres possibilités, plus récentes, sont à retenir.

Le régime de l'auto-entrepreneur

Créé au début de l'année 2009, ce nouveau régime permet à une personne de s'inscrire facilement et gratuitement (sur Internet) pour exercer son activité. Les formalités ont été très simplifiées par rapport aux autres statuts. L'auto-entrepreneur est un entrepreneur individuel qui relève du régime fiscal de la micro-entreprise et l'entreprise est en franchise de TVA. Lauto-entrepreneur.fr est le site qui lui est dédié avec toutes les informations et documents nécessaires.

Le chiffre d'affaires réalisé est limité à 82 800 euros HT pour les activités de vente et à 33 200 euros HT pour les prestations de services. Ce nouveau régime, temporaire, est parfait pour se tester en tant qu'entrepreneur mais également pour tester son marché. Dès que ces seuils de CA seront dépassés, le choix d'un nouveau statut s'imposera. Attention : certaines activités sont exclues de ce régime (professions immobilières, location de matériel, etc.).

Depuis 2016, le régime du **micro-entrepreneur** offre également de nombreux avantages et vise à remplacer à terme le régime de l'auto-entrepreneur. Pour le moment, les deux coexistent.

Le nouveau régime de l'EIRL

L'entreprise individuelle à responsabilité limitée se veut un compromis entre l'entreprise individuelle et la SARL, en apportant une protection du patrimoine de l'entrepreneur individuel.

La société

Une **société** constitue, à l'inverse d'une société individuelle, une personne morale juridiquement distincte de son/ses créateur(s). Par conséquent, l'entreprise dispose de son propre patrimoine et l'utilisation des biens de la société à des fins personnelles peut entraîner des poursuites au titre de l'abus de biens sociaux. Elle possède une dénomination sociale, un siège social (domiciliation) et un patrimoine initial (capital social). La société est imposée au titre de l'impôt sur les sociétés (IS). Elle dispose de son propre patrimoine et, sauf faute grave reprochée à son ou ses dirigeants, les biens personnels des associés sont protégés.

Le dirigeant désigné pour représenter la société vis-à-vis des tiers n'agit pas pour son propre compte mais au nom et pour le compte d'une personne morale distincte, la société. Il doit donc respecter un certain formalisme lorsqu'il est amené à prendre des décisions importantes. De même il doit périodiquement rendre des comptes aux associés sur sa gestion. La création de la société donne lieu à des formalités complémentaires : rédaction et enregistrement des statuts auprès du centre des impôts, parution d'une annonce au *Journal d'annonces légales*.

Dans le cas d'une société, la structure la plus habituellement choisie par le créateur est la SARL pour sa simplicité de fonctionnement. Pour des projets d'envergure, la SA ou la SAS doivent être envisagées.

La SA

La société anonyme demande un plus grand nombre de partenaires et son fonctionnement est plus compliqué. Néanmoins, si vous pensez lever des fonds en Bourse, la SA est la structure adaptée. Si vous souhaitez travailler dans des pays étrangers, seule la SA est reconnue.

Focus sur la SA

Le conseil d'administration d'une SA (entre 3 et 18 membres obligatoirement actionnaires) est chargé de définir une ligne directrice (les orientations de l'activité) et de contrôler les progrès de l'entreprise ainsi que son suivi. Le président est désigné par le conseil d'administration parmi ses membres. Il dirige les réunions du conseil et représente en général l'entreprise. Ses fonctions sont définies par le conseil. Le directeur général nommé par le conseil d'administration (ou à défaut le président du conseil d'administration) assure la gestion courante de la société et la représente dans ses rapports avec les tiers. La fréquence des réunions du conseil d'administration n'est pas réglementée au-delà du minimum d'une fois par an.

La SAS

Pour certains projets qui engagent un grand nombre de partenaires et d'associés d'une part et qui ont une ambition de croissance forte d'autre part, la société par actions simplifiée peut s'avérer une structure très intéressante (voir les compléments en ligne sur Dunod.com). La grande liberté laissée aux associés dans la rédaction des statuts de la SAS oblige la nouvelle entreprise à faire appel à un avocat spécialisé pour une rédaction très précise des statuts. De ce fait, les formalités de constitution de ce type de société sont plus lourdes, plus longues que celle de la SA et enfin beaucoup plus coûteuses (à prendre en compte dans la rubrique « frais de constitution »). Autre ombre au tableau, la barre des 37 000 euros de capital social demeure élevée pour nombre de créateurs.

La SASU

La société par actions simplifiée unipersonnelle permet à un créateur de créer seul une société. Cette structure permet un fonctionnement simple.

Les Sociétés coopératives

Les sociétés coopératives et participatives désignent les entreprises à statut Scop (société coopérative de production) et à statut Scic (société coopérative d'intérêt collectif). Soumises à l'impératif de profitabilité comme toute entreprise, elles bénéficient d'une gouvernance démocratique et d'une répartition des résultats prioritairement affectée à la pérennité des emplois et du projet d'entreprise. On les trouve principalement dans les projets d'économie sociale et solidaire (ESS) (se renseigner sur www.les-scop.coop/sites/fr/).

Exemple

La Belle Aude qui propose des crèmes glacées au lait entier et des sorbets plein fruit, fabriquées avec amour dans le sud de la France.

Certaines sociétés proposent de générer les statuts *on line*. Mais ces propositions sont payantes, comme Statutsonline.com par exemple.

Le tableau 3.11 retrace les principales caractéristiques entre l'entreprise individuelle, l'auto-entrepreneur et les formes de société.

Tableau 3.11 – Caractéristiques des différentes structures

Critères	Entreprise individuelle		Société		
Types*	**Entreprise individuelle/EIRL**	**Auto-entrepreneur**	**EURL**	**SARL**	**SA** ou **SAS** ou **SASU**
Nombre d'associés	Entrepreneur en solo	Entrepreneur en solo	Un seul (personne physique ou morale)	Minimum : 2 Maximum : 100 (personnes physiques ou morales)	**SA** : 2 au minimum (7 si cotée) **SAS/SASU** : 1 au minimum (personne physique ou morale) Aucun maximum
Montant du capital social	Pas de capital social	Pas de capital social	Pas de capital minimum, montant librement fixé par les statuts, 20 % libérés à la création Création d'un patrimoine d'affectation	Montant librement fixé par les statuts, 20 % libérés à la création (1 euro au minimum)	**SA** : 37 000 € au minimum, 50 % libérés à la création et le solde dans les cinq ans **SAS/SASU** : montant librement fixé par les statuts (depuis 2009), 50 % libérés à la création et le solde dans les cinq ans
Organes de direction	L'entrepreneur	L'entrepreneur	Le gérant est obligatoirement une personne physique (l'associé unique ou un tiers)	1 ou plusieurs gérants Le gérant est obligatoirement une personne physique (un ou plusieurs associés, ou un tiers)	**SA** : conseil d'administration obligatoire de 3 à 18 membres actionnaires, dont un président (personne physique) **SA moderne** : Directoire **SAS/SASU** : liberté statutaire (au minimum un président ou directeur général)

☞

Types *	Entreprise individuelle/EIRL	Auto-entrepreneur	EURL	SARL	SA ou SAS ou SASU
Responsabilité du dirigeant	Totale et indéfinie des dettes sur les biens personnels, sauf déclaration d'insaisissabilité plus civile et pénale EIRL : patrimoine affecté	Totale et indéfinie des dettes sur les biens personnels, plus civile et pénale	Limitée aux apports, sauf cas particuliers, plus civile et pénale	Limitée aux apports, sauf cas particulier, plus civile et pénale	Limitée au montant des apports (sauf cas particuliers), plus civile et pénale
Commissaire aux comptes	Non	Non	Non (sauf si chiffre d'affaires hors taxes très important et nombre de salariés est supérieur à 50)	Non (oui au-delà d'une certaine taille)	**SA** : oui **SAS/SASU** : pas obligatoire
Régime fiscal du dirigeant	Impôt sur le revenu, option possible pour l'IS	Impôt sur le revenu/prélèvement libératoire	Personne physique : impôt sur le revenu, option possible pour l'IS Personne morale : IS	Traitements et salaires (TS), sauf option pour l'IS	Traitements et salaires (TS), sauf option pour l'IS
Régime fiscal de l'entreprise	—	Franchise de TVA	—	Impôt sur les sociétés	Impôt sur les sociétés
Régime social du dirigeant	Non salarié	Non salarié	Gérant associé : non salarié Gérant tiers : assimilé salarié	Gérant minoritaire : assimilé salarié Gérant majoritaire : non salarié	**SA** : assimilé salarié **SAS** : assimilé salarié

☞ **Transmission des parts ou des actions**	Cession de fonds	—	Cession des parts sociales	Cession libre entre associés et au profit des ascendants et descendants des associés	**SA** : cession libre entre associés, sauf clause d'agrément ou de préemption **SAS/SASU** : cession libre, mais les statuts peuvent prévoir l'inaliénabilité pendant 10 ans

* EIRL : entreprise individuelle à responsabilité limitée ; EURL : entreprise unipersonnelle à responsabilité limitée ; SARL : société à responsabilité limitée ; SA : société anonyme ; SAS : société par actions simplifiée ; SASU : société par actions simplifiée unipersonnelle.

Critères de choix d'une structure

Le choix d'une structure repose sur différents critères relevant du créateur (sa volonté de s'associer ou non, son organisation patrimoniale, son régime social, son régime fiscal), mais aussi la nature de l'activité, les besoins financiers nécessaires pour le bon fonctionnement de l'entreprise et enfin de la crédibilité vis-à-vis des partenaires.

Le choix du créateur

Si le créateur souhaite rester seul « maître à bord » et ne pas rendre des comptes, l'entreprise individuelle ou la SASU s'imposent. Dans le cas contraire et pour des raisons patrimoniales, économiques, fiscales, sociales ou liées au marché, la création d'une société sera une meilleure solution. Dans ce cas, il mettra en commun avec ses associés ses compétences, ses connaissances et son carnet d'adresses pour augmenter les chances de réussite de l'entreprise.

Si sa vision est sociale, la Scop sera une bonne option.

- L'**organisation patrimoniale** est un point sur lequel le futur créateur doit s'interroger. Constituer une société permet de différencier son patrimoine personnel de celui de l'entreprise et donc de protéger ses biens personnels de l'action des créanciers de l'entreprise. Néanmoins, dès que la société demandera un concours bancaire, cette dernière exigera probablement la caution du créateur et/ou de certains associés, sauf si l'entreprise possède des immobilisations corporelles.
- Les **besoins financiers** déterminés lors de l'établissement des comptes prévisionnels sont un autre indicateur. Attention cependant de ne pas confondre capital légal minimum et besoins financiers réels de l'entreprise.

Conseil

La loi permet de créer une SARL avec 1 euro de capital. Cela peut paraître intéressant mais se révèle à l'usage très dangereux. En effet, quel investisseur ou quels partenaires feraient confiance à un créateur qui ne prendrait aucun risque et ne s'engagerait qu'à hauteur de 1 euro ? Les montants traditionnels de capital social sont donc tout à fait à l'ordre du jour. N'oubliez pas non plus qu'en cas d'appel à la banque, celle-ci ne peut s'engager au maximum qu'à hauteur du capital social. Dans le cas d'un capital de 1 euro, vous n'obtiendriez de votre banque qu'un seul autre euro. Il est préférable de considérer les 7 500 euros anciennement obligatoires pour créer une SARL, même si le montant est librement défini dans les statuts.

Le fonctionnement de l'entreprise

Selon la structure choisie, les règles de fonctionnement seront plus ou moins contraignantes. Dans l'entreprise individuelle, le dirigeant est seul et les règles de fonctionnement sont réduites au minimum. Il prend toutes les décisions et engage en contrepartie sa responsabilité. Dans les sociétés, le dirigeant n'agit pas pour son propre compte mais au nom et pour le compte de la société. Il doit donc observer un certain formalisme qui est le plus souvent coûteux.

Conseil

Dans certains cas, un commissaire aux comptes est nécessaire et son coût est supérieur à celui d'un expert-comptable. Dans des cas très spécifiques (contrats de travail complexes par exemple), le recours à un avocat lors d'une assemblée générale peut être souhaité ; il convient là aussi d'en prévoir le coût.

- Le **régime social** de l'entrepreneur est un critère tout à fait déterminant dans le choix de la structure juridique, notamment dans certains cas particuliers comme celui d'un créateur qui aurait cotisé pendant de nombreuses années dans un régime de retraite complémentaire comme cadre.
- Le **régime fiscal** de l'entrepreneur et de l'entreprise est également un critère à prendre en compte mais il ne doit pas pour autant être déterminant dans le choix car on ne crée pas une entreprise pour payer le moins d'impôts possible. On crée une entreprise pour avoir des clients et réaliser un chiffre d'affaires ou avoir une rentabilité suffisante pour se développer, même si les mesures d'exonération fiscale sont les bienvenues au moment de la création.

La crédibilité vis-à-vis des partenaires

La **crédibilité** incite souvent les entrepreneurs à se constituer en société. En effet le marché et les partenaires préfèrent souvent avoir affaire à une société plutôt qu'à une entreprise individuelle. L'exemple inverse est celui des débits de tabac qui doivent obligatoirement être exploités en entreprise individuelle ou en société en nom collectif (associés personnes physiques).

À l'étranger par exemple, la SA où les associés sont plus nombreux donne plus confiance aux partenaires. Dans certains pays, c'est même le seul statut reconnu.

Le pacte d'actionnaires

Quelle que soit la structure choisie, si la société est créée par plus d'une personne, il est intéressant de signer un **pacte d'associés** ou **d'actionnaires**. Avant de se lancer dans l'aventure, le/les créateur (ou le porteur de l'idée) doit se mettre d'accord avec les associés/actionnaires sur les points suivants :

- la répartition des apports en capital ;
- le partage du pouvoir au sein de la société ;
- la rémunération de chacun (salaire, dividendes, plus-value) ;
- la politique de distribution des dividendes ;
- la sortie d'un ou de plusieurs associés (droits préférentiels) ;
- d'autres points qui risquent de poser problème lors de l'exploitation de l'entreprise.

Dans ce pacte, les associés devront également préciser leurs relations avec leurs futurs investisseurs :

- le mode de sortie des investisseurs (vente de leurs parts, introduction en Bourse, vente de l'entreprise, etc.) ;
- les modalités du reporting, etc.

Ce pacte peut soit faire l'objet d'un contrat sous seing privé, soit faire partie des statuts de l'entreprise. Cette seconde solution est plus rare, sauf dans le cas de la SAS. Ce pacte entre les actionnaires doit être conclu avant la création de la société.

Conseil

Il peut paraître parfois difficile de rédiger un tel pacte entre associés qui se connaissent de longue date. L'expérience montre qu'il s'avère être une énorme protection en cas de conflit futur.

Rappelons que les démarrages sont toujours heureux car on crée quelque chose, l'enthousiasme est partagé mais le succès venant, les objectifs personnels de chacun peuvent évoluer... et même devenir opposés (investissement des bénéfices dans l'entreprise *versus* vente de l'entreprise au plus offrant) : une bonne garantie vaut mieux que de longues discussions.

Autres éléments juridiques et fiscaux

Il est par ailleurs toujours intéressant de s'informer (sur Afe.com, le site de l'Agence France Entrepreneur par exemple – anciennement APCE) sur les nouvelles dispositions pour les entreprises. Le lieu de domiciliation est un élément important à prendre en compte : dans certains cas il autorise des aides, des subventions ou l'accès facilité à des infrastructures modernes (exemple d'une ville équipée en Internet rapide, en Wi-Fi, etc.).

Enfin, certaines professions requièrent des autorisations spéciales qui compliquent et ralentissent la création de la nouvelle entreprise (par exemple un café littéraire proche d'un établissement scolaire). Il convient de se renseigner, bien en amont de la création, pour gagner du temps (ou éviter d'en perdre) et éviter des surprises désagréables et coûteuses.

La structure du capital

Cette rubrique concerne bien entendu les sociétés. Cette information permet aux interlocuteurs financiers d'évaluer la solidité de la structure du capital avant de prendre une décision.

Ce paragraphe du BP précisera le type d'actionnariat et sa composition (en annexe, seront donnés les noms et coordonnées des actionnaires). Les informations sur leurs apports (en numéraire, en industrie, autres) et leurs motivations ainsi que leurs attentes en matière de retour sur investissement ainsi que l'horizon (introduction en Bourse, vente de l'entreprise, distribution de dividendes) renseigneront les lecteurs.

Enfin la valeur estimée de l'entreprise dans cinq ans sera évoquée. Quant au mode de fonctionnement de l'entreprise, il convient de préciser s'il existe un conseil de surveillance ou un autre organe de pilotage particulier.

La structure du capital est liée à son mode de financement et à la recherche de financement pour constituer ce capital de démarrage. Il est crucial de garder à l'esprit que la répartition du capital définit le pouvoir dans l'entreprise et le partage des profits.

Dans le cas de projets technologiques par exemple, un des créateurs peut apporter un brevet qu'il aura déposé en son nom, un autre des capitaux et un troisième des capitaux et un local. Chaque apport sera évalué et les fondateurs s'accorderont pour répartir « équitablement » à leurs yeux le capital.

Conseil

Une présentation graphique de cette répartition est un plus, accompagnée des explications qui ont permis d'aboutir à cette répartition.

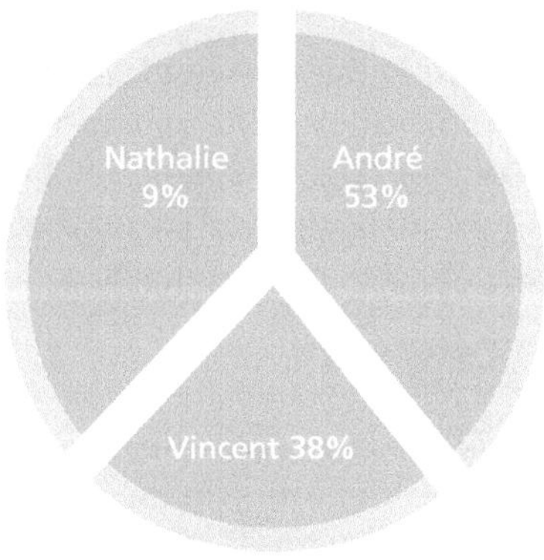

Figure 3.21 – Exemple de présentation graphique de la répartition du capital

Attention

Ne jamais répartir le capital à « 50/50 » ni « 33/1/3, 33/1/3, 33/1/3 » : il doit toujours y avoir « un pilote dans l'avion » et un responsable juridique en cas de problème ; même si toutes les décisions se prennent en commun.

Budget prévisionnel

Cette partie clarifie les différentes sources de financement disponibles pour une nouvelle entreprise et le chiffrage du projet.

Panorama des moyens de financement

Le financement de l'entreprise est composé de capitaux propres, d'aides et subventions et également d'emprunts à moyen ou long terme[1].

Il est à noter que les besoins ne seront pas couverts par une seule source de financement, mais au contraire par différentes sources qui feront « boule de neige » et permettront ainsi à la nouvelle entreprise de démarrer avec suffisamment de capitaux. Rappelons que le manque de capitaux au démarrage demeure une cause défaillance persistante des entreprises françaises.

À chaque phase, correspond un mode de financement privilégié, comme le montre la figure 3.22.

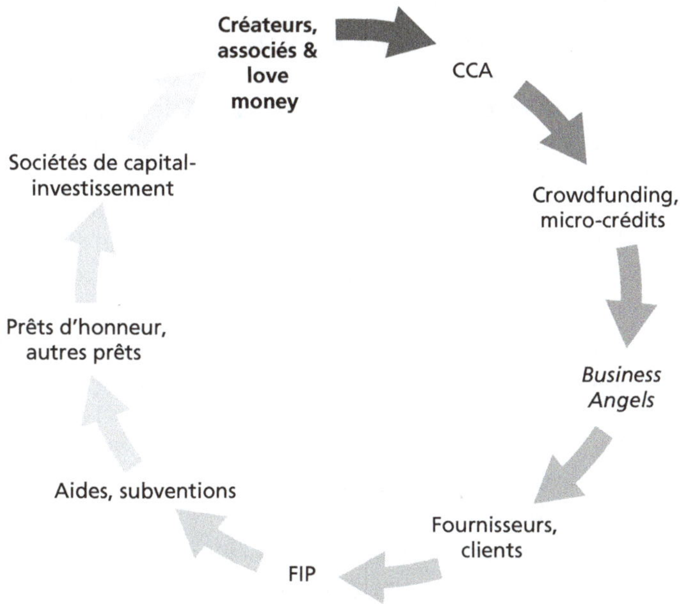

Figure 3.22 – Sources de financement suivant les périodes

1. Pour de plus amples informations, voir *Le Grand Livre de l'Entrepreneuriat*, Léger-Jarniou C. (éd.), Dunod, 2013.

Attention

Les besoins financiers de départ sont ceux dont l'entreprise a besoin pour exercer « normalement » son activité et sont bien distincts du capital social nécessaire juridiquement pour créer une entreprise.

Remarque

Les opérations de crédit-bail, consistant à mettre à la disposition de l'entreprise le bien nécessaire à son activité sous forme d'une location, suppriment le besoin durable et la ressource financière nécessaire pour satisfaire ce besoin durable (voir chapitre 2).

Capitaux propres

Ils sont composés des apports personnels, d'autres apports et certaines aides et subventions.

Apports personnels

- La **participation du créateur et de ses associés** dans le capital social de l'entreprise est primordiale. Cette participation augmente la crédibilité du projet vis-à-vis des investisseurs, assure la participation active du porteur de projet et permet de contrôler l'entreprise quelle que soit sa forme. Argumenter sur cette participation est un élément favorable pour les autres investisseurs car elle témoigne de la volonté du créateur de s'investir dans ce projet.
- Il est toujours intéressant pour démarrer de faire appel à ce que l'on appelle la **love money**, c'est-à dire l'épargne de proximité. Mettre à contribution sa famille, ses proches, ses amis peut se révéler très intéressant. Ce premier apport en capital, ajouté à celui de l'équipe de démarrage, permettra de donner confiance aux autres partenaires financiers extérieurs, y compris les banquiers.

  Vos proches peuvent d'ailleurs bénéficier de réductions d'impôt sur le revenu en participant au capital de votre société selon certaines conditions et bénéficier du dispositif TEPA s'ils sont redevables de l'ISF.

Participation au capital

- Le ***crowdfunding*** ou financement participatif offre une solution nouvelle de financement. De nombreux participants peuvent financer la nouvelle entreprise, en contribuant par de petites sommes, via une mise en relation sur Internet. Réservé au départ aux sociétés du domaine culturel, ce mode de financement s'étend à d'autres secteurs et se professionnalise. Trois formes sont possibles : le don, la participation aux fonds propres et le prêt. Des plateformes très connues ont ouvert cette possibilité (kisskissbankbank, MyMajorCompany ou Ulule), suivies par d'autres plus spécialisées (micro-crédit, projets responsables, prêts, etc.). Elles se rémunèrent en général à hauteur de 4 à 10 % des sommes récoltées.

Exemples

Après un voyage aux États-Unis, Quentin Bouche et Nicky Dimbemza ont eu l'envie de créer une marque et un vêtement nouveau. Ce sera Baltimore, la salopette 2 en 1 : le haut et le bas peuvent se détacher. Les pièces sont dessinées en France et fabriquées au Portugal avec des tissus européens. Le concept a séduit les internautes sur une plateforme de crowdfunding et a permis à ses créateurs de remporter le concours du «Formidable Ecommerçant» dans la catégorie «Projet e-commerce».

Les projets dans le secteur sanitaire font appel à ce type de financement. La brosse à dents connectée Kolibree qui permet de suivre l'efficacité de son brossage sur son smartphone a fait appel aux dons sur Kickstarter. Cette start-up française a collecté en 12 jours la somme de 70 000 dollars nécessaires pour financer l'industrialisation du produit.

Cet exemple n'est pas isolé et des sites se spécialisent dans le domaine de la santé, comme Medstart, B-a-MedFounder ou Petridish.org (pour financer la recherche). En plus des fonds récoltés, une campagne de crowdfunding valide le projet et peut intéresser des sociétés de capital-risque.

- Les **Clubs d'investisseurs** ont une vocation particulière et demandent généralement des rendements moins élevés.

Exemple

Les Cigales, Clubs d'investissement pour une gestion alternative et locale de l'épargne solidaire. Cigales.asso.fr

- Les ***Business Angels*** sont des investisseurs individuels qui investissent individuellement ou au travers de **clubs de BA** dans une nouvelle entreprise. Venu des États-Unis, ce terme désignait à l'origine des personnes investissant dans la production de films ou de pièces de théâtre, en échange d'actions ou d'un intéressement au succès des représentations

Exemple

Des entreprises à succès comme Bell Telephone Company ou Body Shop ont été aidés par des *business angels*.

Leur investissement comporte une dimension financière (capital d'amorçage), une dimension affective (votre projet doit leur plaire) et une dimension de risque car ils peuvent tout perdre. S'ils rentrent dans l'aventure, ils apporteront connaissances, carnet d'adresses, temps, conseils et enthousiasme, ce qui est essentiel pour un créateur. Il existe des clubs d'anciens élèves liés à un établissement d'enseignement, des clubs thématiques (Femmes BA) ou régionaux.

Exemple

La Fédération des réseaux français de *Business Angels*, France Angels, est une source d'information intéressante. Franceangels.org

Des entrepreneurs à succès sont devenus BA comme Sylvain Orebi, le Pdg de Kusmi Tea ; Pierre Kosusko-Morizet le créateur de Price Minister, Marc Simoncini, etc ; ...

Conseil

Lorsque vous demandez une participation financière aux *business angels* ou à une société de capital-investissement, argumentez sur la manière dont vous allez utiliser ces fonds mais aussi les rembourser.

- Il arrive que des **fournisseurs** de matières premières ou de marchandises participent au capital social de la nouvelle société. Ainsi, ils obtiennent non seulement l'exclusivité des approvisionnements à la nouvelle société, mais aussi les bénéfices de leur transformation ou vente. Pour les fournisseurs étrangers, c'est un moyen de pénétrer un marché local qui n'était pas sur la liste de leurs marchés habituels.
- Un certain nombre de **clients**, en participant au capital de la nouvelle société, s'assurent d'une part d'un approvisionnement continu en produits, et d'autre part – suivant leur part dans le capital de la société – de l'exclusivité d'achat des produits.
- Les **fonds d'investissement de proximité** (FIP) peuvent également être une autre source de financement. Prévus par la loi pour l'initiative économique, ces fonds ont pour objet de mobiliser sur un territoire donné l'épargne de particuliers sensibilisés à la bonne santé des entreprises locales. Ils sont incités à souscrire à ces fonds grâce à des dispositions fiscales intéressantes.
- Les **sociétés de capital-investissement** peuvent accompagner la nouvelle entreprise. Ce terme générique de capital investissement signifie un investissement en fonds propres ou quasi fonds propres. L'objectif du capital-investisseur est d'obtenir pour ses investissements une rentabilité supérieure à celle qu'il pourrait obtenir par un placement sans risque. Il obéit à une règle d'or simple : plus un investissement est risqué, plus la rentabilité espérée doit être élevée. Par rentabilité élevée il faut entendre en moyenne 15 à 20 % par an cumulé pour du capital-développement, 20 à 40 % pour une reprise d'entreprise avec effet de levier (LBO), plus de 25/30 % pour du financement de création d'entreprises. C'est au moment du désinvestissement que le capital-investisseur réalise la plus-value espérée, soit en revendant sa participation à un industriel ou à un autre financier, soit en introduisant la société en Bourse.

Ces sociétés accompagnent l'entreprise au cours des différentes phases de son existence :

- le capital d'amorçage finance un projet de recherche ou de finalisation de produit ;
- le capital-risque (*venture capital*) finance une entreprise en création ou au tout début de son activité ;

- le capital-développement finance une entreprise déjà existante cherchant à accélérer son développement ;
- le capital-transmission finance le rachat d'une entreprise par ses salariés ou par des tiers.

Un nouveau pacte d'actionnaires sera rédigé, entre l'entreprise et les investisseurs cette fois.

Exemple

L'association française des investisseurs pour la croissance (Afic), Afic.asso.fr ou l'EVCA (European Venture Capital Association, Business.scotland.gov.uk) donnent des informations sur les secteurs privilégiés par les sociétés de capital-risque ainsi que leur zone géographique d'activité et la phase d'activité où elles interviennent de manière privilégiée (démarrage, développement, reprise).

Les investisseurs en capital-risque participent au capital des nouvelles sociétés, partageant ainsi avec le créateur un risque. Ils s'intéressent rarement à des inventions qui exigent de plus amples travaux de recherche, de développement ou de conception.

Ces sociétés, lors de l'examen du BP de la société, étudient non seulement la rentabilité du projet mais aussi le risque qu'ils courent en y participant. Elles évaluent le risque en fonction de trois critères :

- l'équipe qui est appelée à gérer l'entreprise ;
- le Business Model ;
- le chiffrage du projet.

Les négociations portent non seulement sur la valeur du projet mais aussi sur l'équipe dirigeante et sur le contrôle de la société. Il n'est pas rare que les sociétés de capital-risque imposent l'embauche d'un manager externe à l'équipe des créateurs, l'obtention de la minorité de blocage au capital social de l'entreprise et/ou la réalisation de l'audit continu de la gestion de l'entreprise par leurs propres services.

En réalité en France, les sociétés de capital-risque interviennent peu au niveau du démarrage car le traitement d'un dossier entraînant un coût très élevé, elles préfèrent rentrer dans le capital de gros projets qui demandent des fonds importants (minimum d'un million d'euros) et se concentrent plutôt sur la phase d'après démarrage. L'entreprise pourra avoir recours aux sociétés de capital-risque ou de capital-développement pour le deuxième voire troisième tour de table, c'est-à-dire pour son développement.

Certaines sociétés se spécialisent par secteur d'activité. Ainsi, la société de capital-risque Innovation Capital a lancé un fonds dédié à la Silver économie pour soutenir des PME innovantes dans ce secteur. Le fonds devrait investir dans 10 à 15 PME, pour des tickets de 2 à 10 millions d'euros, pour un total de 100 millions d'euros.

- La **FrenchTech** est une initiative étatique pour fédérer, accélérer et rayonner l'impact des start-ups. Elle s'appuie sur la communauté des start-ups, les associations et tous les acteurs impliqués dans ces thématiques, organise des missions à l'étranger, des événements et participe au financement de projets dans le cadre des investissements d'avenir via la Caisse des Dépôts ou Bpifrance : Lafrenchtech.com

Aides ou subventions d'investissement

■ Aides

- Il existe de nombreuses aides régionales. Les demandeurs d'emplois peuvent bénéficier d'**aides**. Se renseigner sur Pole-emploi.fr et Afe-creation.fr.
- Le parcours **NACRE** a pour objectif de donner aux porteurs de projet le maximum de chances de réussite. Il comprend : un accompagnement individualisé avant et/ou après la création/reprise de l'entreprise et un prêt à taux zéro. Depuis le 1er janvier 2017, c'est une compétence régionale.

- L'**ACCRE** (aide aux demandeurs d'emploi créant ou reprenant une entreprise) consiste en une exonération partielle de charges sociales pendant les 12 premiers mois d'activité

■ Subventions

Pour se financer, l'entreprise peut bénéficier de subventions d'investissement de la part de l'Etat, de Bpi, des collectivités ou de fondations. Comme on l'a déjà vu, les subventions d'investissement ne sont prises en compte par les lecteurs financiers qu'à la condition d'en apporter la preuve tangible (lettre d'accord, etc.). Cela signifie que le créateur ne doit pas passer trop de temps à rechercher d'hypothétiques aides.

Prêts à moyen et long terme

■ Prêts des associés

- L'entreprise peut également recourir aux **comptes courants d'associés** (CCA), moyen de financement intéressant. L'utilisation des CCA consiste pour ces derniers à prêter à l'entreprise, sous la forme d'un compte-courant, des montants qu'ils récupéreront par la suite. Cette pratique très répandue comporte des avantages à la fois pour l'entreprise mais aussi pour les associés prêteurs. De plus cette méthode est simple et nécessite très peu de formalités administratives. L'utilisation des CCA présente pour l'entreprise une grande souplesse puisqu'elle ne nécessite pas de modification du statut social de la société (contrairement à une augmentation de capital). De plus, l'entreprise a la possibilité de déduire les intérêts versés aux associés imposables (si le capital est entièrement libéré), ce qui représente un avantage majeur. Les associés bénéficient des intérêts calculés par rapport au taux effectif moyen pratiqué par les banques pour des prêts supérieurs à deux ans. Dans certains cas, le montant des avances en compte-courant peut être plafonné.
- Avantage des CCA : ils ne changent pas les rapports de force entre les associés, étant donné qu'ils ne font pas partie du capital social.

■ Prêts d'honneur et micro-crédits

- Les **prêts d'honneur** sont un crédit à moyen terme d'une durée comprise entre deux et cinq ans, octroyés à la personne même du créateur sans demande de garanties personnelles ou réelles. Le prêt d'honneur a vocation à conforter, voir remplacer l'apport du créateur et à jouer un effet de levier pour l'obtention d'un financement bancaire complémentaire. Ils sont octroyés par des organismes qui ont chacun leurs critères de sélection (microprojet, projet en milieu rural, petits projets à potentiel, zone géographique ou types de créateur). Les principaux organismes sont Initiative France Initiative-france.fr (premier réseau associatif), le Réseau Entreprendre Reseau-entreprendre.org (projets à potentiel), l'Association pour le Droit à l'Initiative Économique (ADIE) Adie.org et France active Franceactive.org (réseau de proximité). En plus des prêts d'honneur, ils apportent une aide et un accompagnement au créateur qui sont essentiels pour le bon démarrage de l'activité.

- Le **crédit solidaire** et les **micro-crédits** sont également possibles pour certains types de projets. Le site Ressources-solidaires.org recense les organismes de crédit solidaire. L'Adie (Association pour le droit à l'initiative économique) offre des micro-crédits et des aides pour le créateur exclus du marché du travail.

■ **Prêts bancaires**

- Les **prêts bancaires** sont accordés aux nouvelles entreprises par les banques commerciales.

Ces prêts sont rares et doivent être garantis soit par des immobilisations, soit par des cautions personnelles du créateur.

- **La garantie création BPIfrance**[1]

  BPI garantit sous certaines conditions jusqu'à 200.000 € de prêts destinés à financer des projets de création ou de TPE/PME de moins de 3 ans. Ce financement bancaire couvre les investissements matériels et immatériels, achat de fonds de commerce, besoin en fonds de roulement, découvert notifié, délivrance de cautions sur marchés France et export.

  La garantie est de 60 % en cas de création ex *nihilo* ou d'intervention conjointe entre Bpifrance et la Région, et de 50 % dans les autres cas.

  Bpifrance.fr

1. Elle remplace le PCE, prêt à la création d'entreprise, depuis 2015.

■ **Autres prêts**

- Il s'agit des prêts des **clients** et/ou des **fournisseurs** qui croient et veulent participer à la création de l'entreprise sans pour autant entrer dans le capital social.

Le tableau 3.12 récapitule ces sources de financement ; il figurera dans le BP.

Tableau 3.12 – Types et sources de financement

Types de financement	Sources de financement
Capitaux propres	
Apport personnel, *Love money*	– le créateur – les associés – la famille
Participation au capital	– *crowdfunding* – *Business Angels* et clubs BA – fournisseurs – clients – FIP – sociétés de capital risque
Aides ou subventions	
D'investissement	– L'Etat, BPI – les collectivités territoriales – les fondations
Prêts a moyen et long terme	
Prêts des associés	– compte courant des associés
Prêts d'honneur	– les plateformes d'initiative locale – les collectivités territoriales – les autres organismes de prêts d'honneur ou de développement économique, fondations, caisses de retraite, certains employeurs.. – le crédit solidaire, micro-crédit
Prêts bancaires	– Prêts bancaires – Garanties des prêts BPI
Autres prêts	– Clients – Fournisseurs

Chiffrage du projet

Les éléments financiers sont si importants qu'il est d'usage de leur consacrer un paragraphe à part entière. On retrouvera donc tous les éléments dans la rubrique « Budget prévisionnel ».

Ce paragraphe est volontairement non traité dans ce chapitre, car la construction entière du chiffrage du projet fera l'objet du chapitre 4, à partir d'un exemple.

Exemple

Un investisseur se fonde sur six critères pour juger un BM de start-up digitale à fort potentiel, selon Laurent Dumas de CapHorn Invest :

1. la récurrence du CA,
2. la capacité à retenir les clients,
3. la scalabilité du CA (capacité à faire augmenter le CA),
4. la durée du cycle de vente,
5. l'intensité capitalistique de l'activité,
6. la marge brute.

Focus sur la scalabilité

La scalabilité est la capacité à s'adapter à une demande toujours plus importante, qui nécessite une organisation différente, de nouveaux moyens financiers et commerciaux. Les sart-up connaissent des difficultés à ce stade.

Perspectives d'avenir

Ce paragraphe contient une brève synthèse des points essentiels évoqués dans tout le dossier et surtout les perspectives d'avenir de l'entreprise pour convaincre le lecteur de participer à « cette extraordinaire aventure ».

Synthèse des points essentiels du projet

À ce niveau, une synthèse des points importants traités dans le BP devra définitivement convaincre le lecteur de vous accompagner dans cette aventure. Vous pouvez vous inspirer du principe des six remarques clés pour conclure votre business plan, en insistant sur vos points forts et vos avantages concurrentiels (voir figure 3.23).

Figure 3.23 – Le principe des six remarques clés

Il est naturel d'évoquer les **risques** encourus par l'activité (facteurs limitatifs, risque particuliers) en les listant par ordre d'importance et en apportant des solutions. Cela prouvera à vos interlocuteurs votre degré de maturité et votre vision de la situation.

Les bonnes questions à se poser pour envisager les risques :

- Quelles sont les principales difficultés que votre business peut rencontrer avec les clients, les partenaires, les fournisseurs, l'équipe, votre outil industriel, la législation ou la conjoncture économique et sociale ? Comment les surmonter ? Comment pivoter ?
- Que deviendra l'entreprise en cas de conflits entre partenaires et associés ?
- Que faire si les résultats de la recherche restent sans valeur, si l'industrialisation est compromise ou bien encore si les produits ou services ne se vendent pas ? Enfin si l'entreprise connaît des incidents et arrêts de la production ou que l'activité n'est pas rentable ?

Bien évidemment il convient d'indiquer également les moyens envisagés pour lever ces risques (le fameux « plan B »).

L'avenir du projet

Enfin il est de coutume de tracer les perspectives d'avenir de la nouvelle entreprise pour rassurer le lecteur et lui donner raison de participer à l'aventure.

En effet, une nouvelle entreprise a vocation à être pérenne. Les investisseurs détestent d'ailleurs les entreprises qui ne présentent pas, à leurs yeux, assez de perspectives d'avenir. Cela est tout à fait cohérent avec leurs pratiques par lesquelles ils souhaitent obtenir un retour sur investissement au bout de trois à cinq ans en général. La nouvelle entreprise doit donc être tout à fait florissante au bout de cette période et devenir par exemple n° 1 français ou n° 3 européen, leader sur son marché local, etc.

Montrez que vous avez anticipé les évolutions de votre environnement : quels sont les principaux changements qui pourraient survenir dans les cinq ans à venir ? Ces changements peuvent-ils vous pousser à changer radicalement de stratégie (changement d'implantation, modification de votre prestation, politique de prix différente...) ? Quelle sera la place de votre entreprise sur le marché français, européen, mondial dans cinq ans ?

Pour synthétiser ces informations sur le marché, il est possible de faire appel à des outils comme la matrice produits/marchés[1]. Elle permet de visualiser les modes de croissance possibles de l'entreprise, par l'innovation produits, par la conquête de nouveaux marchés ou encore par une innovation liée à la conquête de nouveaux marchés avec de nouveaux produits (diversification) à partir de la situation de démarrage qui vise la pénétration du marché.

1. I. Ansoff., *Stratégie de développement de l'entreprise*, Éditions d'Organisation, 1962.

MARCHÉS	Produits actuels	Produits nouveaux
nouveau	EXTENSION ET CONQUÊTE DE NOUVEAUX MARCHÉS	DIVERSIFICATION
actuel	PÉNÉTRATION DU MARCHÉ	INNOVATION DE PRODUITS

Source : I. Ansoff., *Stratégie de développement de l'entreprise*, Éditions d'Organisation, 1962.

Figure 3.24 – Matrice d'Ansoff

Exemple

Kidizz

Le succès du logiciel Kidizz est au rendez-vous. Plus d'un millier de crèches ont souscrit un abonnement. Seconde étape de développement : les crèches publiques, notamment à Paris. Au cours de ses rencontres, on suggère au créateur de s'intéresser aux maisons de retraite. Une nouvelle étude de marché s'impose puisqu'il s'agit d'une nouvelle activité. Le groupe Colisée, propriétaire d'une soixantaine d'établissements, est très vite intéressé et teste l'application dans sept de ses établissements. La promesse qui est de donner de l'information sur ses enfants en crèche devient plus interactive avec les seniors.

Continuer à innover en permanence est nécessaire. Chaque entrepreneur trouve ses propres méthodes : organiser une veille, se développer à l'international et/ou lever des fonds.

En conclusion de votre BP, adressez-vous directement à l'interlocuteur de votre choix (banquier, investisseurs, partenaires, fournisseurs, etc.) pour lui rappeler votre demande mais aussi en contrepartie ce qu'il gagnera à vous accompagner. Soyez clair sur ce que vous attendez : des fonds, un appui commercial, un réseau, etc. Dans le cas où vous demandez des fonds, précisez l'utilisation que vous en ferez et la rentabilité qu'ils peuvent espérer. Si les perspectives d'avenir sont très optimistes, il est conseillé d'insister sur le mode de sortie ainsi que sur la hauteur de la sortie du capital dont pourront bénéficier les investisseurs.

Rappel

Le business plan se décline en autant de versions qu'il y a d'interlocuteurs destinataires.

Annexes

Pour conclure le BP, il est de tradition de fournir tous les documents qui apportent des preuves et crédibilisent votre projet et rassurent le lecteur.

CV du créateur

Les CV du créateur et des membres de l'équipe de création sont intégrés à ce niveau du document (une page par CV sur le même modèle). Toutes les personnes qui auront un titre de conseiller ou d'expert auprès du projet ou qui le soutiennent sont également invitées à fournir un CV.

Documents complémentaires

Tous les documents importants et analyses utilisés pour construire le business plan peuvent être fournis et/ou synthétisés à ce niveau : des devis pour la nouvelle installation, des plans, ainsi que toute étude technique peuvent être fournis. L'étude de marché réalisée figurera également en annexe sous forme schématique et résumée (les modalités de l'étude sont toujours « un plus » pour le lecteur). Des lettres de commande ou des intentions de commande sont également essentielles. Des coupures de presse (press-book) sur le projet et/ou sur le porteur ont également un plus.

Annexes financières

Pour les trois années d'exploitation, vous devez fournir au minimum les tableaux suivants :

- plan d'investissement initial ;
- plan de financement initial ;

- compte de résultat ;
- trésorerie, fonds de roulement et besoin en fonds de roulement ;
- seuil de rentabilité.

Conseils : Réussir !

- Ne pas faire tout tout seul !
- Prévoir assez de fonds pour tenir les premiers mois.
- Bien prendre en compte la concurrence, même indirecte et éloignée.
- Penser toujours clients !
- Faire du sport, se détendre et prendre du recul par rapport à son projet.
- Soigner ses premiers recrutements.
- Networker.

Chapitre 4
Deuxième étape : la traduction financière du projet : les prévisions

À ce stade de la construction du business plan, il convient de **traduire en termes financiers** les éléments du projet antérieurement défini, et ce, afin de vérifier sa **viabilité.** Cette information est cruciale pour le porteur de projet mais aussi pour les apporteurs de capitaux.

Les informations porteront sur :

- les investissements de départ et leur financement ;
- l'exploitation qui regroupe les recettes et les dépenses.

Pour construire les prévisions financières, il convient de :

- construire le tableau d'investissement initial et le tableau de financement initial ;
- calculer les comptes d'exploitation et les bilans ;
- calculer la trésorerie mensuelle ;
- calculer les différents ratios qui permettent d'apprécier les performances de l'entreprise.

Ce chapitre rappelle tout d'abord quelques **principes de construction** et de cohérence du BP avant de se consacrer aux différentes **étapes de sa construction.**

Pour faciliter cette construction, le créateur suivra l'exemple de la société **Décorateurs & Co** et visualisera les écrans de construction et de résultat à partir du logiciel EBP Business Plan Création Pratic, qui a servi de base pour sa construction.

Principes de la construction

Ce chapitre n'a pas vocation à remplacer un cours de finance ni à apprendre au créateur les notions concernant les budgets prévisionnels. Celui-ci retrouvera d'ailleurs toutes ces notions s'il le désire dans le lexique à la fin de cet ouvrage. Notre approche vise la compréhension de la construction et de l'utilisation des tableaux financiers et des notions essentielles employés par les financiers. Ainsi, le créateur pourra construire lui-même les tableaux financiers, ou sous-traiter cette partie à un spécialiste tout en en contrôlant les résultats.

Rappel

La qualité de la partie financière dépend de la préparation en amont faite par le créateur qui est le seul à connaître son « métier ». Les données de la partie financière sont basées d'une part sur les informations récoltées par le biais de la check-list précédemment analysée et d'autre part sur toutes les études réalisées en amont (études techniques, étude de marché, enquête clients). Pour ceux qui n'ont pas de connaissances financières précises, organiser le contrôle du travail de la partie financière par une tierce personne est nécessaire.

Conseil

La loi fiscale permet aux entreprises d'avoir des exercices fiscaux différents des douze mois calendaires. De ce fait, les exercices fiscaux coïncident avec le début de l'activité de l'entreprise et non pas systématiquement avec l'année calendaire à savoir 1er janvier/31 décembre.

Aussi, si vous commencez votre activité le 1er septembre, car il s'agit d'une activité saisonnière, il est vivement conseillé d'établir votre budget prévisionnel du 1er septembre au 31 août de l'année suivante. Tous vos comptes seront ensuite calqués sur cette périodicité.

Les **tableaux** financiers obligatoires à fournir dans le document BP sont les suivants :

- plan d'investissement initial,
- plan de financement initial,
- bilan prévisionnel,
- compte de résultat prévisionnel,
- le point mort (seuil de rentabilité),
- FR et BFR,
- trésorerie mensuelle.

Conseil

Accompagnez toujours vos chiffres de commentaires. Vous pensez certainement que les chiffres sont suffisamment parlants, mais certains lecteurs ne s'attardent pas sur les tableaux au risque d'en manquer les points importants ou encore n'ont pas la même vision que vous car ils connaissent beaucoup moins bien que vous le projet. Pour aider le lecteur, il est recommandé de présenter les informations cruciales sous trois formes : un tableau, un graphique et un commentaire écrit.

Cohérence de la construction

Les tableaux financiers doivent être en accord d'une part avec les études marketing et organisationnelles préalablement réalisées et d'autre part avec l'objectif du créateur, comme on vient de le rappeler. Cette cohérence sera évaluée par les investisseurs notamment qui considèrent le BP comme un document « entier ».

Les tableaux financiers doivent traduire les études préalablement menées en termes financiers et non pas viser à créer un budget prévisionnel « seulement » rentable. D'une manière générale le créateur doit accepter que la première année d'exploitation de son entreprise dégage des pertes. La deuxième année peut éventuellement donner des bénéfices selon le type d'activité exercée et la troisième année doit devenir bénéficiaire.

Exemple

Une entreprise de service ou de commercialisation pourra être rentable dès la première année, une entreprise de services technologiques la deuxième ou la troisième année, une entreprise de production la troisième année si les investissements de départ sont lourds.

Pour obtenir cette cohérence, la construction des tableaux financiers se fait de manière itérative, c'est-à-dire qu'elle doit comprendre plusieurs **allers-retours.** Cette méthode de construction est appelée *top-down* et *bottom-up* ou méthode descendante-ascendante-descendante. La partie *top* correspond au chiffre d'affaires déterminé par l'étude de marché et la partie *bottom* par le résultat dégagé par l'activité de l'entreprise. Sans ce dialogue permanent entre les deux parties du business plan, il est probable que ce dernier resterait superficiel et peu cohérent avec les exigences de la réalité et avec celles du créateur.

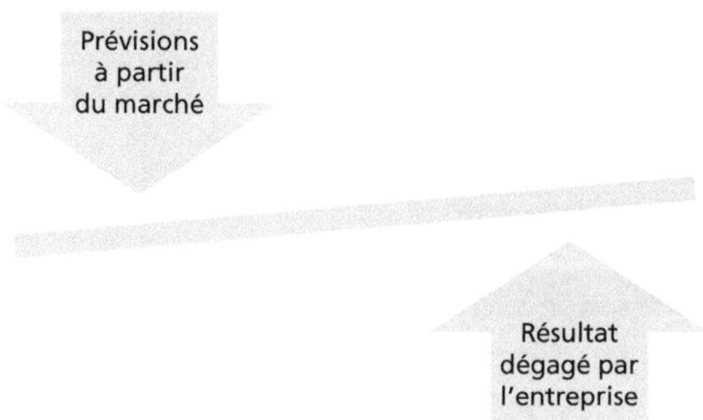

Si le projet ne s'avère pas rentable (ou pas assez rentable) après la construction *top-down,* la démarche reprend en sens inverse *bottom-up.* Après diminution de quelques charges non essentielles pour le démarrage de l'activité, on recalcule le résultat. Il est essentiel de trouver un moyen pour augmenter les marges.

Dans le cadre des allers-retours entre le projet et sa construction financière, on peut citer quelques pistes traditionnelles pour améliorer la rentabilité du projet :

- Augmenter les marges : pour cela augmenter le prix de vente ou diminuer le coût de revient :

– agir sur les prix : le prix de vente est déterminé par les clients lors de l'étude de marché. Il ne peut donc pas être augmenté sauf dans le cas d'offre de services additionnels, de montée en gamme, d'un meilleur positionnement par rapport aux prix des concurrents ;
– agir sur le coût de revient : augmenter la productivité, mettre en place une analyse de la valeur, modifier la conception des produits, faire appel à la sous-traitance, externaliser, privilégier un circuit court de distribution, négocier avec les fournisseurs.

- Limiter les besoins de financement : pour cela il est possible de partager les frais de recherche-développement ou de marketing avec des partenaires. On peut également investir dans du matériel d'occasion plutôt que du matériel neuf, on peut aussi louer plutôt qu'acheter. Pour diminuer le BFR, il est possible de négocier les délais de paiement clients et fournisseurs, de réduire le stock et de travailler en flux tendus.
- Soulager la trésorerie et générer plus de cash : retarder dans ce cas les premières sorties d'argent, facturer le plus tôt possible, faire payer les clients très rapidement, optimiser les débours de capital.
- Créer plus de valeur : maîtriser les frais de démarrage de l'activité (perte de productivité au départ, mauvaise qualité, perte de temps…) mais également limiter les investissements de départ qui ne créent pas de valeur.
- Faciliter le montage financier : adapter la structure du bilan aux possibilités et règles de l'entreprise, aux souhaits des actionnaires et aux conditions des banques.
- Limiter les risques et saisir les opportunités : ajuster votre stratégie pour, dès le départ, limiter la sensibilité aux risques et saisir les opportunités les plus rentables.

Dimensionnement du projet

Un des avantages de l'écriture double et simultanée - texte et finance - est de mettre en évidence les incohérences dans le business plan. Une des incohérences majeures fréquentes est le surdimensionnement ou bien le sous-dimensionnement des projets. Les interlocuteurs extérieurs souhaitent lire un business plan adapté aux compétences de l'équipe de création et aux moyens engagés.

Le **surdimensionnement** des projets correspond au cas où l'entreprise cherche à viser une cible beaucoup trop réduite par rapport à ce que les moyens engagés lui permettraient d'atteindre. Pour pallier ce surdimensionnement, une réduction des charges s'impose le plus souvent à moins qu'il soit possible d'élargir la cible visée, ce qui n'est pas certain (vus les résultats de l'étude de marché). Cette situation est très dangereuse pour l'avenir de l'entreprise.

Le cas inverse est le **sous-dimensionnement** des projets. Cela signifie que les moyens volontairement engagés par le créateur sous beaucoup trop faibles pour atteindre un marché très réceptif, qu'il convient d'attaquer très rapidement avec des moyens plus importants. Ici au contraire, une augmentation des moyens et donc des charges sera nécessaire pour obtenir le chiffre d'affaires visé et une plus grande part de marché. Des capitaux supplémentaires seront également probablement nécessaires. Cette situation est beaucoup moins critique que la précédente, à condition de l'aménager et de réagir vite.

Croissance de l'entreprise

Contrôler la montée en régime de l'activité en observant un certain nombre de principes de gestion est un gage de longévité pour l'entreprise.

L'insuffisance de capitaux disponibles au démarrage rend l'entreprise très vulnérable en cas de croissance plus rapide que prévue ou de modifications environnementales brutales par rapport aux prévisions (fonds de roulement insuffisant, constitution de stocks trop importants, allongement des délais de paiement, défaut de paiement des clients, perte brutale d'un gros client, etc.).

Des charges fixes trop élevées par rapport au chiffre d'affaires, une méconnaissance des coûts de revient, des amortissements, des frais généraux et des frais de personnel trop élevés rendent également l'entreprise vulnérable.

Pour se donner les meilleures chances de réussite, il est indispensable d'observer un minimum de principes de gestion comme limiter les frais fixes, avoir une parfaite connaissance des coûts de revient, surveiller les postes clients et fournisseurs, les stocks et les investissements, contrôler la bonne application de son plan marketing, etc., ainsi que contrôler en permanence la réalisation des prévisions par des outils de gestion adaptés.

Pour suivre le cheminement de la création des tableaux financiers, nous allons utiliser l'exemple de la société **Décorateurs & Co.**

Histoire des créateurs

Trois amis (Jean, Alex et Pierre) ont décidé de réunir leurs capacités pour créer une entreprise de conseil en décoration, conception-réalisation et vente d'articles de décoration ainsi que la vente d'articles fabriqués par d'autres artistes. Les ventes se feront en boutique et par Internet.

Jean, le chef de file, est un décorateur d'intérieur assez connu. Lors de ses missions, il propose à ses clients des articles de décoration fabriqués par son ami Alex et par une cinquantaine d'artistes, avec lesquels il a de très bons contacts. Pierre est un ami d'enfance fou de décoration et spécialiste de la vente. Tous les trois travaillent pour le moment en indépendant.

Ils ont donc décidé de créer une société pour :

- avoir une base de travail commune ;
- créer une boutique de vente ;
- être salariés de l'entreprise et bénéficier du statut de salarié, plus intéressant que celui de travailleur indépendant ;
- et surtout pouvoir emprunter pour l'achat d'un fonds de commerce (impossible à titre individuel).

Ils espèrent avoir non seulement un salaire correct, mais aussi bénéficier de la distribution des bénéfices de la société et réaliser une bonne plus-value en cas de vente de la structure.

Marché et clients

Bien qu'ayant chacun une expérience dans leur métier, ils ont réalisé une étude de marché documentaire, c'est-à-dire l'étude du marché et de la concurrence actuels, qui a permis de récolter des informations essentielles, à partir notamment de l'étude Projecteurs AFE « Ouvrir une boutique de décoration ». Cette étude est elle-même une synthèse de nombreux études, sites et blogs.

Eléments essentiels pour le projet

Les données chiffrées sur le marché de la décoration sont rares, car les codes APE ne regroupent pas toutes les activités (par exemple le groupe 74.1 regroupe les activités autour du design) et les acteurs sont nombreux (fédérations professionnelles, salons, etc.), ce qui a rendu difficile l'étude du marché. Heureusement, l'expérience variée des créateurs a permis de lever cette difficulté.

Le marché de la décoration recouvre plusieurs activités : la distribution en boutique, le conseil et coaching, la fabrication et donc de nombreux acteurs aux objectifs divers.

Le marché de la décoration est évalué à 16 milliards d'euros. Il s'articule autour de six catégories de produits : les objets décoratifs, le textile de la maison, les meubles, les luminaires, l'électroménager et les arts de la table. Les meubles représentent la part la plus importante du chiffre d'affaires.

Par ailleurs, les produits français sont réputés pour leur qualité et leur créativité. Les décorateurs d'intérieur connaissent le succès à l'étranger où le savoir-faire français est prisé.

L'environnement est tout à fait favorable à ces activités : le nombre d'émissions TV est impressionnant ainsi que les magazines spécialisés, sans compter le nombre d'agenceurs, décorateurs, architectes d'intérieur et coachs en *home staging*. Le marché du cadeau et des bibelots se développe aussi, notamment à travers des franchises. Le e-commerce est dynamique.

On assiste à la percée des concepts globaux de décoration qui dessinent des styles de vie comme par exemple l'« ethno-contemporain », le « classico-moderne » ou l'« actuel design ». Le métissage du moderne est recherché ainsi que le mélange des styles pour personnaliser son logement, sans oublier le vintage, la tendance naturelle, le design, l'anti-gaspillage (récupération et recyclage) et le *Do It Yourself* (DIY). Les objets signés par un designer ou réalisés dans des matériaux nobles sont recherchés.

Pour les consommateurs français, l'habitat est un facteur déterminant dans la quête du bonheur. Décoder son habitat pour se sentir bien est un vrai plaisir. Ils ne considèrent plus la maison comme un cocon fermé au monde extérieur mais un lieu de vie multiple où les amis ont leur place. Ils cherchent de plus en plus à investir l'extérieur et à gagner de la place. Le jardin se transforme en pièce à vivre qu'il faut meubler et décorer. Ils sont sensibles au design, à la couleur, aux nouveaux matériaux et ils sont également devenus de véritables bricoleurs dans leur intérieur.

La décoration est une dépense plaisir, même si l'ameublement-décoration ne représente que 2,4 % de la consommation des ménages. Le panier moyen est entre 30 et 45 euros en boutique.

Les consommateurs apprécient de venir en boutique pour l'étendue du choix, les prix, la qualité des produits, la proximité, les promotions et les conseils des vendeurs.

La concurrence est forte : le nombre de boutiques est important, mais il faut aussi compter avec la grande distribution, les brocantes, la vente en ligne et les grands magasins.

Pour les boutiques de décoration, l'emplacement est déterminant et la tendance est au showroom. Le créateur d'une boutique organise souvent son site autour des principaux liens suivants : Accueil – Blog – Boutique – E-shop – Ateliers – Newsletter – Conseils – Réseaux sociaux, etc. Toute idée qui permet d'associer fournisseur et achat sur un lieu de vente est bienvenue, il s'agit de créer de l'humain, du lien, de la surprise. En somme « la décoration comme un spectacle ».

Proposer des innovations ou des articles que l'on ne trouve pas ailleurs est un must. Le savoir-faire artisanal, le *made in France* avec des objets personnalisés sont tendance.

Les ateliers de conception (*Do It Yourself*) ainsi que les conseils et même le coaching sont des services supplémentaires appréciés des clients.

L'activité est saisonnière : les ventes connaissent trois fortes périodes : février, septembre (rentrée et aménagement) et fêtes de fin d'année.

La communication est essentielle sur Internet et les réseaux sociaux, les revues de presse et les Salons. Par exemple, le salon Maison & Objet est un incontournable.

Actions et décisions des créateurs

De cette étude, nos trois créateurs ont retenu l'idée que la décoration est une vraie passion des Français (achat plaisir) qui dépensent en moyenne 30 à 45 euros par achat. Ils apprécient le mélange des styles et les conseils en boutique. Ils désirent se différencier des autres et veulent trouver des articles que l'on ne trouve pas partout, fabriqués en matériaux nobles. Le *made in France* est tendance.

Le marché est énorme mais très concurrentiel et morcelé et l'activité est saisonnière. Faire la différence par le style et la qualité des produits, le mode de distribution et les conseils fournis est indispensable.

Nos créateurs pensent que leur projet peut s'insérer sur ce marché. Pour mettre toutes les chances de leur côté, ils ont réalisé une étude de validation auprès de quelques experts et de clients potentiels, grâce à deux guides d'entretien.

Les experts interrogés sont un designer connu, un spécialiste de la grande distribution, un journaliste spécialisé, une bloggeuse et l'organisateur du salon Maison & Objet.

Tous ces experts ont salué l'idée de regrouper les trois spécialités de nos créateurs et leur idée de diversifier les modes de distribution ainsi que leur idée, à terme, d'exporter.

Ne restait plus que la validation des clients potentiels qui ont été interrogés à la sortie des magasins de décoration, *via* un blog et lors de Salons ouverts au public.

Les clients ont très majoritairement répondu positivement à l'idée de nos créateurs, en mettant en évidence le besoin d'avoir une boutique avec beaucoup de conseils, de trouver des produits inédits et fabriqués en France. La vente sur Internet est également jugée intéressante comme l'activité de coaching pour les aider à rendre leur intérieur plus plaisant. Ils ont également validé le panier moyen même s'ils sont prêts de temps à autre à faire des folies pour une « belle pièce » qui leur permettrait de relooker leur intérieur.

Jean et Alex ont déjà leurs clients et espèrent que la nouvelle boutique permettra aux visiteurs de voir et de toucher les objets de décoration. Le site Internet donnera une meilleure visibilité à leur activité, ce qui leur permettra d'attirer des nouveaux clients, non seulement localement mais aussi à distance.

Les indicateurs sont au vert pour les créateurs qui, à partir de leurs expériences personnelles, ont pu établir des prévisions de vente pour chacune de leurs activités, en tenant compte de la saisonnalité des ventes du secteur.

Prestations

- Conseil en décoration d'appartements et de maisons ;
- Fabrication et vente d'articles de décoration ;
- Vente d'articles d'autres artistes ;
- En boutique et par Internet.

Les locaux

Les trois amis ont trouvé une ancienne galerie d'exposition qui possède une surface permettant de créer un atelier d'artiste (autorisé par le plan d'occupation des sols et la copropriété), des bureaux (au premier étage) et un espace dédié à la vente.

Moment opportun pour la création

Le local est disponible fin décembre 2017. Ils préfèrent donc créer leur société le 2 janvier 2018, pour diminuer leurs frais. Ils ont besoin d'un mois pour la mise en place de l'entreprise (y compris l'agencement de la boutique, des bureaux et de l'atelier).

Leurs ventes pourront commencer, accompagnées d'une campagne de lancement, dès février 2018. Mais cette campagne ne portera pleinement ses fruits qu'en mars pour la première année.

Ils ont, à la suite de toute leur étude de marché, établi des prévisions de vente, par activité et par mois et pour les trois premières années (visibles dans les pages suivantes), que l'on peut résumer par la figure 4.1 pour 2018.

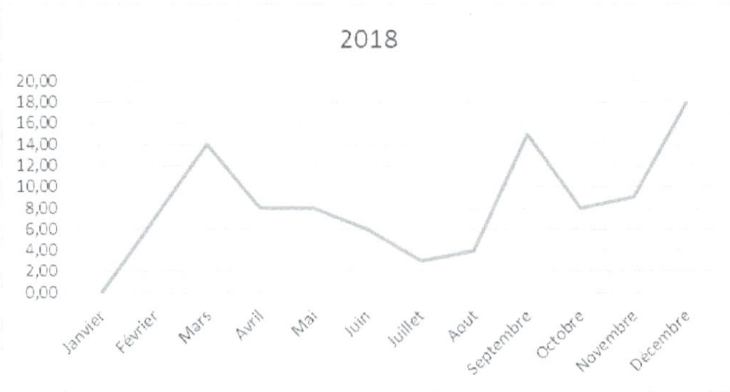

Figure 4.1 – Saisonnalité des ventes

Pacte d'actionnaires

Avant le lancement de la société, les trois amis ont pris un certain nombre de décisions.

■ Concernant le capital

Rappelons que la constitution du capital social définit non seulement la distribution des profits mais aussi le pouvoir de décider. Jean, initiateur du projet et apporteur d'affaires, aura la majorité absolue.

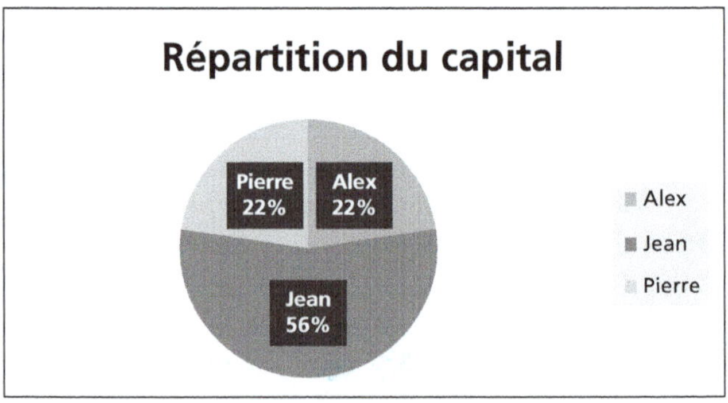

Figure 4.2 – Répartition du capital

Les besoins en financement (d'après l'étude financière) s'élèvent à 130 000 euros, Jean apportera 50 000 euros, les deux autres actionnaires 20 000 chacun. Un emprunt bancaire de 40 000 euros facilité par l'acquisition d'un fonds de commerce complétera le besoin en financement.

■ Concernant les salaires

Les trois amis auront le même salaire (36 000 euros brut pour la première année).

■ Concernant l'avenir

Ces 36 000 euros bruts annuels couvrent leurs besoins financiers. Ils décident donc de ne pas distribuer de dividendes pour les trois premières années créant ainsi une réserve qui va permettre l'ouverture d'une deuxième boutique et l'internationalisation de la société sans faire appel à des emprunts bancaires.

Première phase de construction : Installation

L'installation est la première étape de la vie de l'entreprise. Pendant cette période, ils mettent en place la structure de l'entreprise. Au moment de l'installation, deux éléments sont essentiels à déterminer :

- Les **investissements** connus sous le nom comptable **immobilisations.** Ce sont des biens qui vont servir d'une manière permanente à la bonne marche de l'entreprise. Ces biens ne sont pas destinés à la vente.
- Les **financements** connus sous le nom **capitaux propres** qui permettent l'achat de ces biens.

Investissements

Les investissements se composent de trois catégories.

Investissements incorporels

Les investissements incorporels (**immobilisations incorporelles**) correspondent aux biens de l'entreprise qui n'ont pas de substance physique et qui ne sont pas monétaires.

Pour notre cas :

Tableau 4.1 – Immobilisations incorporelles

Total	62 250
Enregistrement (CFE)	50
Fonds de commerce	50 000
Frais d'avocat (statuts)	1 000
Annonce légale	200
Frais d'enregistrement fonds de commerce	3 000
Création site Internet	5 000
Création Identité visuelle	3 000

Investissements corporels

Les investissements corporels (**immobilisations corporelles**) correspondent aux biens de l'entreprise qui ont une substance physique.

Pour notre cas :

Tableau 4.2 – Immobilisations corporelles

Total	37 937
Agencement	18 000
Mobilier d'exposition	10 000
Mobilier atelier	3 000
Mobilier bureau	1 500
Matériel Informatique	1 300
Terminal de vente	1 137
Petit outillage	3 000

Investissements financiers

Les investissements financiers (**immobilisations financières**) sont monétaires.

Tableau 4.3 – Immobilisations financières

Total	6 000
Dépôts et cautionnement (loyer)	6 000

Amortissements

Les investissements constituent les immobilisations de l'entreprise (biens qui restent d'une manière permanente et ne sont pas destinés à la revente). Le tableau 4.4 donne les dotations aux amortissements annuels ainsi que la durée pendant laquelle le bien est amorti. Les dotations aux amortissements sont calculées par rapport aux valeurs HT. Les immobilisations seront amorties de manière linéaire.

Tableau 4.4 – Dotations aux amortissements

Libellé	Durée (en années)	2018
Incorporels		**6 850**
Enregistrement (CFE)	5	10
Fonds de commerce	10	5 000
Frais d'avocat (statuts)	5	200
Annonce légale	5	40
Création site Internet	5	1 000
Création Identité visuelle	5	600
Financiers		
Dépôts et cautionnements	Non amortissable	
Corporels		**7 587**
Agencement	5	3 600
Mobilier d'exposition	5	2 000
Mobilier atelier	5	600
Mobilier bureau	5	300
Matériel Informatique	5	260
Terminal de vente	5	227
Petit outillage	5	600
TOTAL DES AMORTISSEMENTS		**14 437**

Financement

A priori et **à ce stade de l'analyse financière**, il faut 106 187 euros pour financer les investissements du départ, comme l'indique le tableau 4.5.

Tableau 4.5 – Investissements

Investissements incorporels	62 250
Investissements corporels	37 937
Investissements financiers	6 000
TOTAL	**106 187**

Il faut donc 106 187 euros pour lancer l'entreprise. Or cette somme couvre uniquement l'achat et le paiement au comptant des investissements mais ne couvre pas les frais de fonctionnement de l'entreprise jusqu'au moment où les encaissements pourront le faire. Ce besoin supplémentaire de financement (appelé **fonds de roulement**) sera calculé d'une manière empirique par la **trésorerie mensuelle**, une fois que les recettes et les dépenses seront comptabilisées.

La figure 4.4 représente la **trésorerie** de fin de chaque mois pour la première année. Il est clair que l'entreprise, avec un financement de 106 187 €, n'a pas les fonds nécessaires pour, d'une part, payer ses investissements et, d'autre part, payer les dépenses de chaque mois.

Figure 4.3 – Trésorerie mensuelle sans financement initial

L'entreprise ne peut pas avoir une trésorerie mensuelle négative, car elle serait incapable d'honorer ses engagements. L'entreprise a donc besoin de 130 000 euros de financement comme l'indique la figure 4.4. Les trois actionnaires apportant 90 000 euros, l'entreprise peut emprunter la somme de 40 000 euros pour une durée de 60 mois et avec un taux d'intérêt de 2 %. Cet emprunt est possible car l'entreprise possède un fonds de commerce.

Figure 4.4 – Trésorerie mensuelle avec financement initial

Les créateurs ont obtenu l'accord de leur banque pour financer, par un découvert, le manque temporaire de trésorerie pour les mois de février et d'août. Le financement de la société sera donc assuré par un capital social de 90 000 euros et d'un emprunt de 40 000 euros.

Tableau 4.6 – Tableau de financement

	Montant	%
Apport en capital	**90 000**	**100**
Jean	50 000	56
Alex	20 000	22
Pierre	20 000	22
Emprunt	**40 000**	
TOTAL	**130 000**	

Deuxième phase de la construction : Exploitation

Pour cette seconde phase de l'étude financière, les informations concernant les ventes, les achats, le personnel, les charges, etc. sont à détailler.

Ventes

L'étude de marché a permis de définir un certain nombre de paramètres nécessaires pour élaborer les tableaux des ventes. Ces paramètres sont toujours évalués par produit et concernent :

- la saisonnalité des ventes ;
- les volumes des ventes et les prix de vente ;
- le délai de paiement des factures par les clients.

Le dernier paramètre (délai de paiement des factures par les clients) n'est pas pris en compte pour l'élaboration des tableaux des ventes. En revanche, il montre les facturations que l'entreprise effectuera chaque mois. Avec ces tableaux, l'entreprise a la possibilité, en cas de besoin, soit d'obtenir un découvert ponctuel auprès de sa banque, soit de faire appel à une société d'affacturage. En revanche, le délai de paiement des factures est nécessaire à l'élaboration du tableau de trésorerie. Dans le cas précis, les ventes sont effectuées au comptant, ce qui est avantageux pour la trésorerie de l'entreprise.

Les saisonnalités et ventes

■ Activité de conseil

De par l'expérience des créateurs, l'activité de conseil peut démarrer dès le mois de janvier 2018.

Tableau 4.7 – Saisonnalité et ventes de conseil

Année	Mois	%	Montant TTC
2018	Janvier	8,33	8 400
	Février	8,33	8 400
	Mars	8,33	8 400
	Avril	8,33	8 400
	Mai	8,33	8 400
	Juin	8,33	8 400
	Juillet	8,33	8 400
	Août	8,33	8 400
	Septembre	8,33	8 400

☞

	Octobre	8,33	8 400
	Novembre	8,33	8 400
	Décembre	8,33	8 400
TOTAL		**100,00**	**100 800**

Année	Mois	%	Montant TTC	
			2019	2020
Autres	Janvier	8,33	9 408	11 760
	Février	8,33	9 408	11 760
	Mars	8,33	9 408	11 760
	Avril	8,33	9 408	11 760
	Mai	8,33	9 408	11 760
	Juin	8,33	9 408	11 760
	Juillet	8,33	9 408	11 760
	Août	8,33	9 408	11 760
	Septembre	8,33	9 408	11 760
	Octobre	8,33	9 408	11 760
	Novembre	8,33	9 408	11 760
	Décembre	8,33	9 408	11 760
TOTAL		**100,00**	**112 896**	**141 120**

■ Ventes de la production propre en boutique

Tableau 4.8 – Saisonnalité et ventes de la production propre en boutique

Année	Mois	%	Montant TTC
2018	Février	7,00	7 560
	Mars	14,00	15 120
	Avril	8,00	8 640
	Mai	8,00	8 640
	Juin	6,00	6 480
	Juillet	3,00	3 240

☞

	Août	4,00	4 320
	Septembre	15,00	16 200
	Octobre	8,00	8 640
	Novembre	9,00	9 720
	Décembre	18,00	19 440
TOTAL		**100,00**	**108 000**

Année	**Mois**	**%**	**Montant TTC**	
			2019	**2020**
Autres	Janvier	2,00	2 480	2 980
	Février	16,00	19 840	23 840
	Mars	7,00	8 680	10 430
	Avril	8,00	9 920	11 920
	Mai	7,00	8 680	10 430
	Juin	8,00	9 920	11 920
	Juillet	3,00	3 720	4 470
	Août	3,00	3 720	4 470
	Septembre	13,00	16 120	19 370
	Octobre	8,00	9 920	11 920
	Novembre	9,00	11 160	13 410
	Décembre	16,00	19 840	23 840
TOTAL		**100,00**	**124 000**	**149 000**

■ Ventes de la production propre sur Internet

Tableau 4.9 – Saisonnalité et ventes de la production propre sur Internet

Année	**Mois**	**%**	**Montant TTC**
2018	Février	7,00	6 720
	Mars	14,00	13 440
	Avril	8,00	7 680
	Mai	8,00	7 680
	Juin	6,00	5 760
	Juillet	3,00	2 880
	Août	4,00	3 840

☞

☞			
	Septembre	15,00	14 400
	Octobre	8,00	7 680
	Novembre	9,00	8 640
	Décembre	18,00	17 280
TOTAL		**100,00**	**96 000**

Année	Mois	%	Montant TTC	
			2019	**2020**
Autres	Janvier	2,00	2 880	4 608
	Février	16,00	23 040	36 864
	Mars	7,00	10 080	16 128
	Avril	8,00	11 520	18 432
	Mai	7,00	10 080	16 128
	Juin	8,00	11 520	18 432
	Juillet	3,00	4 320	6 912
	Août	3,00	4 320	6 912
	Septembre	13,00	18 720	29 952
	Octobre	8,00	11 520	18 432
	Novembre	9,00	12 960	20 736
	Décembre	16,00	23 040	36 864
TOTAL		**100,00**	**144 000**	**230 400**

■ Vente objets d'autres artistes – boutique

Tableau 4.10 – Saisonnalité et ventes autres artistes/boutique

Année	Mois	%	Montant TTC
2018	Février	7,00	12 600
	Mars	14,00	25 200
	Avril	8,00	14 400
	Mai	8,00	14 400
	Juin	6,00	10 800
	Juillet	3,00	5 400
	Août	4,00	7 200
	Septembre	15,00	27 000
	Octobre	8,00	14 400

☞

☞			
	Novembre	9,00	16 200
	Décembre	18,00	32 400
TOTAL		**100,00**	**180 000**

Année	**Mois**	**%**	**Montant TTC**	
			2019	**2020**
Autres	Janvier	2,00	4 500	5 625
	Février	16,00	36 000	45 000
	Mars	7,00	15 750	19 688
	Avril	8,00	18 000	22 500
	Mai	7,00	15 750	19 688
	Juin	8,00	18 000	22 500
	Juillet	3,00	6 750	8 438
	Août	3,00	6 750	8 438
	Septembre	13,00	29 250	36 563
	Octobre	8,00	18 000	22 500
	Novembre	9,00	20 250	25 313
	Décembre	16,00	36 000	45 000
TOTAL		**100,00**	**225 000**	**281 250**

■ Vente objets d'autres artistes – Internet

Tableau 4.11 – Saisonnalité et ventes autres artistes/Internet

Année	**Mois**	**%**	**Montant TTC**
2018	Février	7,00	5 040
	Mars	14,00	10 080
	Avril	8,00	5 760
	Mai	8,00	5 760
	Juin	6,00	4 320
	Juillet	3,00	2 160
	Août	4,00	2 880
	Septembre	15,00	10 800
	Octobre	8,00	5 760
	Novembre	9,00	6 480
	Décembre	18,00	12 960
TOTAL		**100,00**	**72 000**

Année	Mois	%	Montant TTC	
			2019	2020
Autres	Janvier	2,00	1 800	2 250
	Février	16,00	14 400	18 000
	Mars	7,00	6 300	7 875
	Avril	8,00	7 200	9 000
	Mai	7,00	6 300	7 875
	Juin	8,00	7 200	9 000
	Juillet	3,00	2 700	3 375
	Août	3,00	2 700	3 375
	Septembre	13,00	11 700	14 625
	Octobre	8,00	7 200	9 000
	Novembre	9,00	8 100	10 125
	Décembre	16,00	14 400	18 000
TOTAL		**100,00**	**90 000**	**112 502**

■ Récapitulatif des ventes

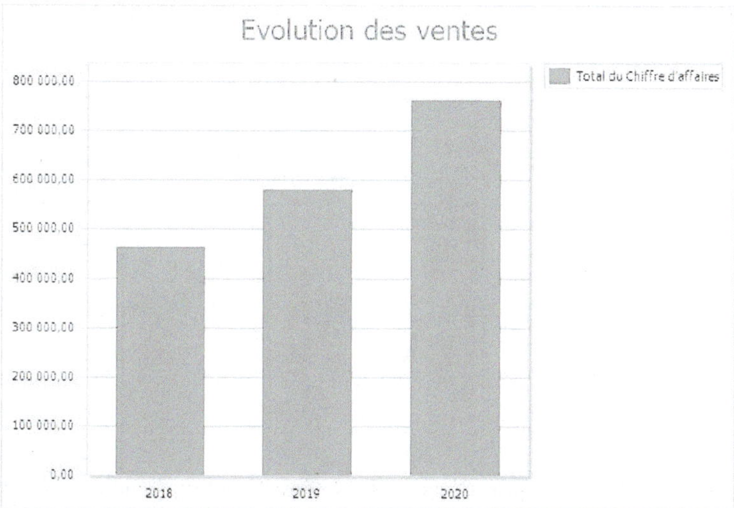

Figure 4.5 – Évolution des ventes sur trois ans

■ Évolution mensuelle des ventes

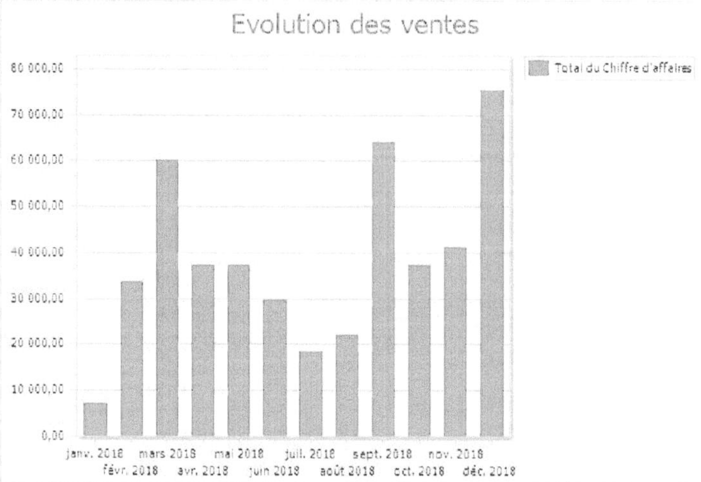

Figure 4.6 – Évolution des ventes au cours de la première année

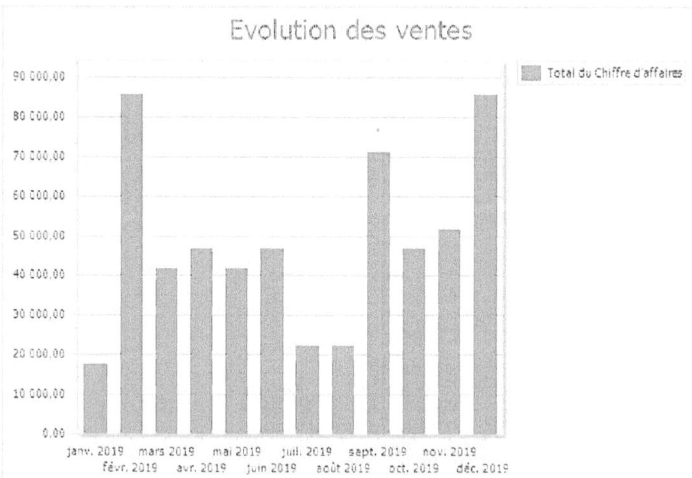

Figure 4.7 – Évolution des ventes au cours de la deuxième année

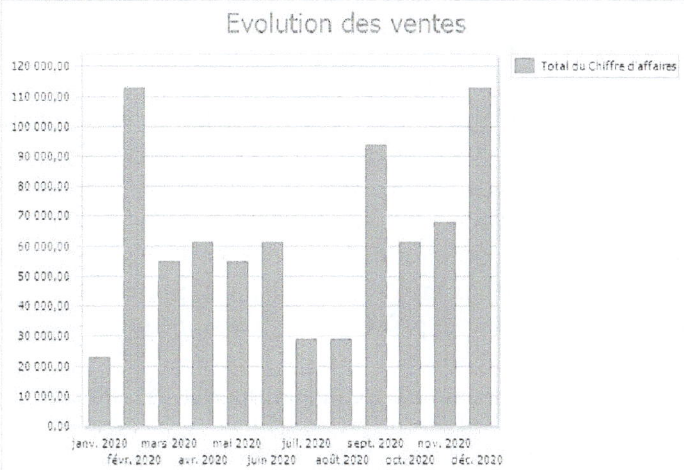

Figure 4.8 – Évolution des ventes au cours de la troisième année

Il est à noter que les créateurs n'ont pas fait l'erreur de créer leur business plan avec une hypothèse générale sur le chiffre d'affaires, mais ils ont analysé les ventes pour chaque activité. Pour cela ils ont pris les informations de l'étude de marché qu'ils ont préalablement réalisée, afin de déterminer, pour chaque produit :

- la quantité vendue ;
- le prix que le marché est prêt à payer ;
- la saisonnalité des ventes ;
- le mode de paiement.

Achats

Ce poste regroupe les achats des matières premières destinées à la production et les produits finis des artistes destinés à la revente. Il ne contient ni les achats d'investissement, ni les charges courantes de l'entreprise. Concernant la livraison des produits vendus par Internet, les frais de transport seront à la charge du client suivant le mode et la rapidité du transport (frais réels). Ces frais n'entrent donc pas dans le périmètre de l'analyse financière.

Les prestations de conseil ne comportent pas d'achats. Les différents frais (transport, fournitures administratives, etc..) font partie des charges externes.

L'entreprise a négocié des marges pour la présentation et la vente en boutique et par Internet des produits et articles fabriqués par d'autres artistes.

Le taux de remise pour la vente en boutique est de 60 %, tandis que le taux pour la vente sur Internet est de 50 %. La différence entre ces deux taux s'explique par la publicité faite aux différents artistes par la présence de leurs produits et articles en boutique.

Les clients payent au comptant tandis que les artistes sont payés à 45 jours fin de mois à partir de la vente. Les produits et articles sont en dépôt-vente dans la boutique et n'entraînent pas de coûts qui pourraient influencer négativement la trésorerie.

Les achats des matières premières pour la production des objets de décoration fabriqués en interne s'expriment en pourcentage du prix de vente. Ainsi l'expérience d'Alex a permis d'établir qu'en moyenne dans un objet fabriqué il y a 13 % de verre, 10 % de métal et 18 % de bois. Les fournisseurs des matières premières sont payés à 60 jours fin de mois pour le verre, 30 jours fin de mois pour le bois et à 60 jours fin de mois pour le métal.

Charges externes

Ce poste regroupe tous les autres achats de l'entreprise, ce qui signifie qu'il ne contient ni les investissements, ni les achats de matières premières ou produits finis.

Les trois associés ayant décidé de ne pas embaucher un comptable pour les trois premières années, mais de faire appel à un comptable externe qui facturera ses prestations par mois. Ces prestations font partie des charges externes.

Le tableau 4.12 résume les charges externes de l'entreprise.

Tableau 4.12 – Charges externes

Libellé	2018	2019	2020
Charges externes	**76 320**	**74 659**	**79 985**
Location	36 000	36 720	37 454
Assurances	660	667	680
Comptable externe	1 800	1 836	1 873
Référencement, Google ads	1 200	1 224	1 248
Frais de télécommunication-Internet	600	612	624
Services bancaires (tenue de compte)	600	606	612
Catalogues et imprimés	9 000	10 000	14 000
Déplacements, missions et réceptions	6 000	6 600	7 590
Charges locatives de copropriété	1 200	1 224	1 248
Frais postaux	300	306	312
Frais d'agence (fonds de commerce)	7 000		
Commissions bancaires sur CB	6 960	8 702	7 620
Hébergement site	1 100	1 122	1 144
Électricité	1 800	1 818	1 836
Fournitures administratives	1 100	1 122	1 144
Mis à jour site Internet	1 000	1 100	1 200
Entretien et réparations		1 000	1 400

Charges de personnel

L'entreprise va engager une vendeuse à temps plein et une à mi-temps. Elles seront en charge de la boutique. Le tableau 4.13 donne les salaires bruts. Les trois porteurs ont décidé de se donner le même salaire brut.

Tableau 4.13 – Salaires bruts mensuels

Libellé	2018	2019	2020
CEO	36 000	37 800	39 690
Production	36 000	37 800	39 690
Responsable achats-site	36 000	37 800	39 690
Vendeur/vendeuse	18 334	20 400	20 808
Vendeur/vendeuse mi-temps	11 000	12 240	12 490

Le tableau 4.14 donne les coûts salariaux pour chaque personne par année. On constate que tandis que les trois associés ont le même salaire brut (36 000), le coût total pour le CEO est moindre que celui des deux autres. Cela est dû au fait que le coût total pour le CEO est calculé par rapport au statut de gérant assimilé salarié, tandis que le coût total pour les autres est calculé par rapport au statut de salarié standard. En plus des salaires, l'entreprise doit participer à la mutuelle des salariés, ce qui augmente les coûts. La vendeuse à plein-temps et celle à mi-temps seront embauchées à partir du mois de février (mois d'ouverture de la boutique).

Tableau 4.14 – Coût du personnel

Libellé	2018	2019	2020
Charges de personnel	**197 714**	**210 090**	**219 100**
CEO	49 320	51 792	54 378
Production	51 120	53 676	56 358
Responsable achats-site	51 120	53 676	56 358
Vendeur(e)	26 034	28 968	29 544
Vendeur(e) mi-temps	15 620	17 388	17 734
Mutuelle	4 500	4 590	4 728

Impôts et taxes hors Impôt sur les sociétés

Le tableau 4.15 donne les taxes auxquelles la société est assujettie.

À ces taxes il faudrait ajouter d'autres taxes qui dépendent de la localisation de l'entreprise.

Tableau 4.15 – Autres taxes

	2018	2019	2020
Impôts, taxes et versement assimilés	**0**	**1 689**	**1 796**
Taxe d'apprentissage	0	934	993
Formation professionnelle	0	755	803

Impôt sur les sociétés

Le taux d'imposition s'élève à 33,33 %. La société étant déficitaire la première année, le résultat de la deuxième année est diminué de la même somme. Ainsi les impôts sont payés par rapport par la différence entre le profit de l'année 2 et la perte de l'année 1.

Tableaux financiers à fournir et à analyser

À partir de la construction des premiers tableaux évoqués plus haut, les tableaux financiers à fournir dans le BP sont calculés. Ces tableaux permettront d'analyser les performances financières de l'entreprise et de répondre aux questions suivantes :

- L'entreprise a-t-elle les moyens physiques et financiers pour commencer son activité ?
- L'entreprise a-t-elle les moyens financiers pour assurer sa pérennité (payer ses fournisseurs et ses obligations vis-à-vis de l'État et de la Sécurité sociale et ses salariés chaque mois) ?
- L'entreprise est-elle rentable ?
- L'entreprise est-elle performante ?
- Quels sont les risques financiers ?
- Quel est le patrimoine de l'entreprise ?

1. • Moyens pour la création
2. • Pérennité
3. • Rentabilité
4. • Performances
5. • Analyse du risque
6. • Analyse du patrimoine

Figure 4.9 – Ordre d'analyse des résultats

Moyens pour la création

Les tableaux d'investissement et de financement permettent de préciser les moyens nécessaires pour la création. Il faut que le financement prévu soit supérieur aux investissements (la différence permet d'assurer la viabilité de l'entreprise au début de son existence).

Investissements

Tableau 4.16 – Investissements hors taxes

Libellé	2018
INVESTISSEMENTS (IMMOBILISATIONS)	
Incorporels	**62 250**
Enregistrement (CFE)	50
Fonds de commerce	50 000
Frais d'avocat (statuts)	1 000
Annonce légale	200
Frais d'enregistrement fonds de commerce	3 000
Création site Internet	5 000
Création Identité visuelle	3 000
Corporels	**37 937**
Agencement	18 000

☞

☞

Mobilier d'exposition	10 000
Mobilier atelier	3 000
Mobilier bureau	1 500
Matériel Informatique	1 300
Terminal de vente	1 137
Petit outillage	3 000
Financiers	**6 000**
Dépôts et cautionnement (loyer)	6 000
TOTAL	**106 187**
CESSIONS D'IMMOBILISATIONS	
Incorporels	
Corporels	
Financiers	
TOTAL CESSIONS D'IMMOBILISATIONS	
IMMOBILISATIONS DÉBUT DE PÉRIODE	
ÉCART	106 187
IMMOBILISATIONS FIN DE PÉRIODE	**106 187**

Financement

Tableau 4.17 – Financement

Libellé	2018
FINANCEMENTS	
Apport en capital	**90 000**
Apports Jean	50 000
Apports Pierre	20 000
Apports Alex	20 000
Comptes courants d'associés	
Augmentation des comptes courants	
Remboursement des comptes-courants	

☞

☞

Emprunts	**40 000**
Emprunt banque fonds de commerce	40 000
Subventions d'investissements	
Ventes d'immobilisations	
TOTAL DES FINANCEMENTS	**130 000**
EXCÈDENT DE FINANCEMENT (BFR)	**23 813**
INSUFFISANCE DE FINANCEMENT	
TOTAL DES IMMOBILISATIONS (Rappel)	**106 187**

L'entreprise dispose de 23 813 euros pour assurer sa viabilité pendant les premiers mois. L'étape suivante (analyse de la trésorerie mensuelle) confirmera ce résultat.

Pérennité

Deux indicateurs permettent d'apprécier la pérennité : la trésorerie mensuelle et la trésorerie annuelle.

Une gestion optimale de la **trésorerie mensuelle** permet d'une part d'assurer la pérennité et d'autre part de gérer au mieux les disponibilités financières de l'entreprise. L'entreprise doit avoir tous les mois les liquidités nécessaires pour payer ses obligations vis-à-vis des fournisseurs, de l'État, de la Sécurité sociale et des employés. À l'inverse, elle ne doit pas avoir trop de liquidités inutilisées. L'optimisation de la trésorerie est obtenue par les délais de paiement des fournisseurs (plus longs) et clients (plus courts).

Premier commentaire

Pour le cas présenté, on constate que la première année, au mois d'août, l'entreprise a une trésorerie négative de 10 000 euros. Le dirigeant a intérêt à contacter, dès la création, la banque pour négocier un prêt à court terme ou un découvert.

Second commentaire

En revanche, à partir de cette date et pour les trois premières années, l'entreprise possède une trésorerie excédentaire conséquente. Cet excédent est dû à la décision des partenaires de ne pas distribuer de dividendes. Cet argent (excédent) ne rapporte rien à l'entreprise. Il devrait être soit distribué soit placé à un taux intéressant car il représente un manque à gagner.

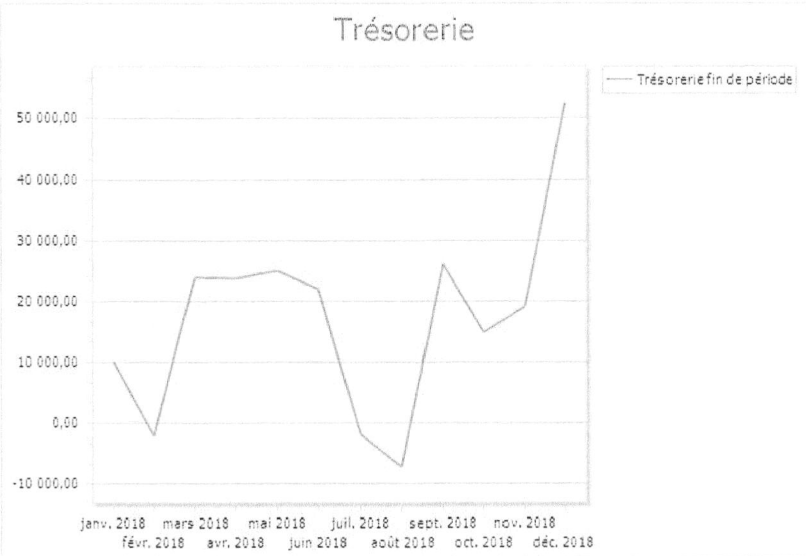

Figure 4.10 – Trésorerie 2018

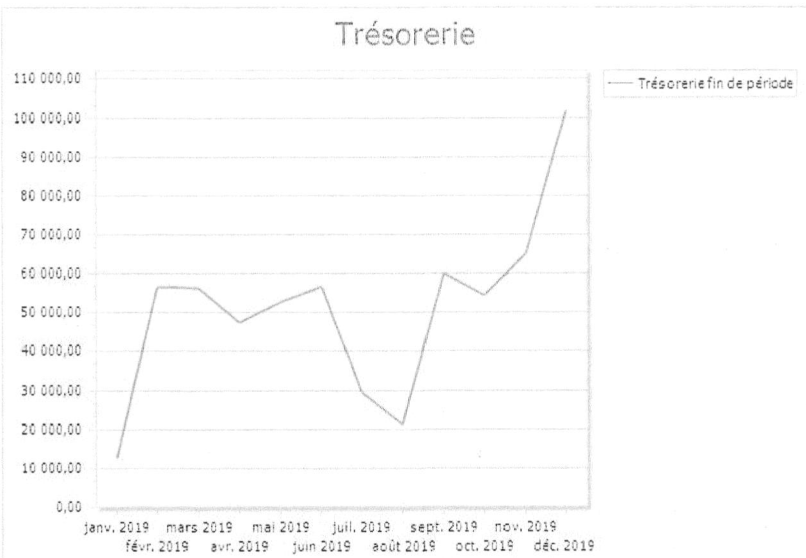

Figure 4.11 – Trésorerie 2019

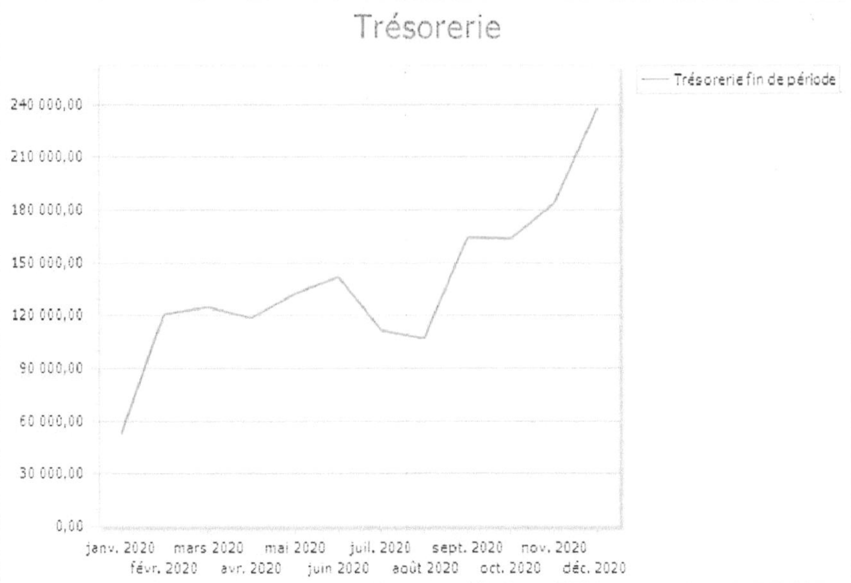

Figure 4.12– Trésorerie 2020

Un autre indicateur influençant la pérennité de l'entreprise est la **trésorerie annuelle** qui est égale au fonds de roulement net global (FRNG) dégagé par son activité moins le besoin de fonds en roulement dont l'entreprise a besoin pour exister. Avec une trésorerie positive, d'une part, l'entreprise n'a pas besoin d'emprunter pour financer son activité et, d'autre part, elle a les moyens de financer son expansion.

Tableau 4.18 – Fonds de roulement, besoin en fonds de roulement, trésorerie

Libellé	2018	2019	2020
FRNG	13 417	50 023	140 680
BFR	-39 176	-51 911	-97 842
TRÉSORERIE	52 593	101 934	238 522
+ Trésorerie positive	**52 593**	**101 934**	**238 522**

Rentabilité

Le compte de résultat donne la rentabilité de l'entreprise et sa progression. Il sert aussi de base pour l'analyse des performances.

Tableau 4.19 – Compte de résultat

Libellé	2018	2019	2020
+ Ventes de marchandises	210 000	262 500	328 125
- Coût d'achat des marchandises vendues	122 250	150 562	190 232
MARGE COMMERCIALE	**87 750**	**111 938**	**137 893**
+ Production de l'exercice	254 000	317 580	433 800
Production vendue	254 000	317 580	433 800
Production stockée			
Production immobilisée			
- Coût d'achat des matières premières	69 700	91 635	129 642
MARGE SUR PRODUCTION	**184 300**	**225 945**	**304 158**
MARGE GLOBALE	**272 050**	**337 883**	**442 051**
- Consommation de l'exercice en provenance de tiers	76 320	74 659	79 985
VALEUR AJOUTÉE	**195 730**	**263 224**	**362 066**
+ Subventions d'exploitation			
- Charges de personnel	197 714	210 090	219 100
- Impôts, taxes et versement assimilés		1 689	1 796
EXCÈDENT BRUT D'EXPLOITATION (EBITDA)	**-1 984**	**51 445**	**141 170**
+ Reprises sur charges d'exploitation, transferts de charges			
+ Autres produits			
- Dotations aux amortissements et provisions d'exploitation	14 437	14 437	14 437
- Autres charges			

☞

☞

RÉSULTAT D'EXPLOITATION	**-16 421**	**37 008**	**126 733**
+ Quote-part de résultat sur opérations faites en commun			
+ Produits financiers			
- Charges financières	729	575	417
Intérêts sur comptes courants			
Intérêts sur emprunt	729	575	417
Autres charges financières			
RÉSULTAT COURANT AVANT IMPÔT	**-17 150**	**36 433**	**126 316**
+ Produits exceptionnels			
- Charges exceptionnelles			
RÉSULTAT EXCEPTIONNEL			
RÉSULTAT COURANT	**-17 150**	**36 433**	**126 316**
- Participation des salariés aux résultats de l'entreprise			
- Impôts sur les bénéfices		6 427	42 101
RÉSULTAT EXERCICE	**-17 150**	**30 006**	**84 215**
RÉSULTAT NET SUR CESSION			
+ Produits des cessions d'éléments d'actifs			
- Valeur comptable des éléments d'actifs cédés			

Pour notre exemple, l'entreprise est rentable à partir de la deuxième année avec une nette progression pour l'année 3.

Pour trouver la rentabilité de l'investissement financier des créateurs, il convient d'étudier le ratio résultat de l'exercice sur total des capitaux propres, appelé **rentabilité financière**.

Ces capitaux propres sont constitués par l'investissement initial des fondateurs (capital social), les réserves financières et le résultat de l'exercice (90 000 + 0 – 17 150). Une attention particulière doit être apportée à ce ratio. Il dépend de la politique de distribution des dividendes. Si l'entreprise ne distribue pas de dividendes, cette somme augmente automatiquement les réserves. De ce fait, les capitaux propres augmentent, ce qui risque de diminuer artificiellement la rentabilité financière de l'entreprise.

Tableau 4.20 – Rentabilité financière

Libellé	2018	2019	2020
Résultat de l'exercice	-17 150	30 006	84 215
TOTAL CAPITAUX PROPRES	**72 850**	**102 856**	**187 071**
Rentabilité Financière	**-23,54 %**	**29,17 %**	**45,02 %**

Pour affiner notre analyse, il convient d'analyser les performances de l'entreprise.

Analyse des performances

L'analyse des performances de la société se fait sous deux angles :

- l'analyse des soldes intermédiaires de gestion (marge commerciale, marge sur production, valeur ajoutée, etc.) pour chaque année ;
- l'analyse des variations de ces comptes pour les trois ans.

■ Analyse des soldes intermédiaires de gestion

L'étude des soldes intermédiaires de gestion permet d'une part de déceler des anomalies liées :

- à la structure du capital ;
- à la structure des coûts des matières premières ;
- aux frais du personnel ;
- aux charges externes de l'entreprise.

D'autre part, elle permet de situer les performances de l'entreprise par rapport à celles du secteur (publiées par les différentes associations sectorielles et l'Insee). Il est primordial pour une entreprise de confronter ses performances à celles des autres entreprises du secteur pour savoir si elle est en perte de vitesse (risque de disparaître) ou si ses performances sont dans la moyenne ou même supérieures à celles du secteur. Dans le dernier cas, il est intéressant d'en comprendre les raisons.

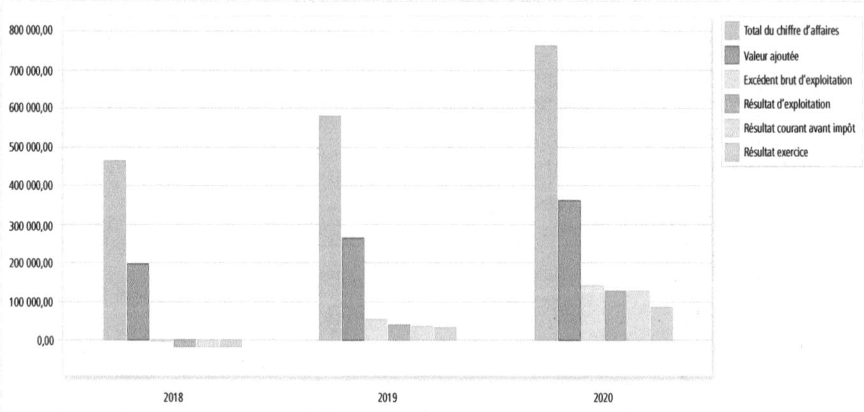

Figure 4.13 - Graphique soldes intermédiaires de gestion (SIG)

En premier lieu il convient d'étudier les marges par activité. Pour notre cas, on étudie la **marge commerciale** (marge sur la revente des produits) et la **marge sur production** ainsi que la marge globale.

Tableau 4.21 – Marge commerciale

	2018		2019		2020	
	Euros	%	Euros	%	Euros	%
Ventes de marchandises	**210 000**	**100,00%**	**262 500**	**100,00%**	**328 125**	**100,00%**
Ventes tiers	150 000	71,43%	187 500	71,43%	234 375	71,43%
Ventes Internet tiers	60 000	28,57%	75 000	28,57%	93 750	28,57%
- Coût d'achat des marchandises vendues	**122 250**	**58,21%**	**150 562**	**57,36%**	**190 232**	**57,98%**
Achats marchandises tiers	92 250	61,50%	113 062	60,30%	143 357	61,17%
Achats marchandises tiers Internet	30 000	50,00%	37 500	50,00%	46 875	50,00%
MARGE COMMERCIALE	**87 750**	**41,79%**	**111 938**	**42,64%**	**137 893**	**42,02%**

La marge commerciale est stable aux alentours de 40 %. Cette marge est à confronter à la marge constatée dans le secteur d'activité de l'entreprise. Si la marge du secteur est supérieure à celle de l'entreprise, cette dernière doit renégocier les contrats avec les fournisseurs pour améliorer ses performances.

Tableau 4.22 – Marge sur production

	2018		2019		2020	
	Euros	%	Euros	%	Euros	%
Production de l'exercice	**254 000**		**317 580**		**433 800**	
Production sans l'activité conseil	**170 000**		**223 500**		**316 200**	
Production vendue	170 000	100,00%	223 500	100,00%	316 200	100,00%
Vente propre production	90 000	35,43%	103 500	32,59%	124 200	28,63%
Vente Internet propre production	80 000	31,50%	120 000	37,79%	192 000	44,26%
Production stockée						
Production immobilisée						
- Coût d'achats des matières premières	**69 700**	**100,00%**	**91 635**	**100,00%**	**129 642**	**100,00%**
Verre	11 700	16,79%	13 455	14,68%	16 146	12,45%
Bois	16 200	23,24%	18 630	20,33%	22 356	17,24%
Métal	9 000	12,91%	10 350	11,29%	12 420	9,58%
verre produits Internet	10 400	14,92%	15 600	17,02%	24 960	19,25%
Métal ventes Internet	8 000	11,48%	12 000	13,10%	19 200	14,81%
Bois ventes Internet	14 400	20,66%	21 600	23,57%	34 560	26,66%
MARGE SUR PRODUCTION	**100 300**	**59,00%**	**131 865**	**59,00%**	**186 558**	**59,00%**

Concernant la marge sur production, il convient de calculer la production effective de l'entreprise car l'activité de conseil y est incluse. Or cette dernière n'a pas besoin de matières premières. Pour analyser efficacement la marge sur production, il faut enlever l'activité de conseil (254 000 - 84 000 pour la première année). Pour notre cas, la marge est de 59 % pour les trois années. L'entreprise doit renégocier les contrats avec les fournisseurs en accord avec les volumes des matières premières qu'elle achète pour augmenter cette marge.

Tableau 4.23 – Marge globale

	2018		2019		2020	
	Euros	**%**	**Euros**	**%**	**Euros**	**%**
Ventes de marchandises	210 000		262 500		328 125	
Production de l'exercice	254 000		317 580		433 800	
Production de l'exercice	464 000	100,00%	580 080	100,00%	761 925	100,00%
MARGE GLOBALE	**272 050**	**58,63%**	**337 883**	**58,25%**	**442 051**	**58,02%**

La marge globale qui inclut l'activité de conseil est stable (avec une légère baisse). L'entreprise n'améliore pas ses performances. Basée sur l'augmentation du chiffre d'affaires, elle peut renégocier les contrats avec les artistes et les fournisseurs des matières premières pour augmenter sa performance.

Tableau 4.24 – Valeur ajoutée

	2018		2019		2020	
	Euros	**%**	**Euros**	**%**	**Euros**	**%**
MARGE GLOBALE	272 050	100,00%	337 883	100,00%	442 051	100,00%
- Consommation en provenance de tiers	76 320	28,05%	74 659	22,10%	79 985	18,09%
VALEUR AJOUTÉE	195 730	71,95%	263 224	77,90%	362 066	81,91%

La bonne gestion des charges externes de l'entreprise permet d'avoir une valeur ajoutée en augmentation constante.

Tableau 4.25 – EBITDA, résultats

	2018		2019		2020	
	Euros	%	Euros	%	Euros	%
PRODUCTION	464 000	100,00%	580 080	100,00%	761 925	100,00%
VALEUR AJOUTEE	195 730	42,18%	263 224	45,38%	362 066	47,52%
EXCEDENT BRUT D'EXPLOITATION (EBITDA)	-1 984	-0,43%	51 445	8,87%	141 170	18,53%
RESULTAT D'EXPLOITATION	-16 421	-3,54%	37 008	6,38%	126 733	16,63%
RESULTAT COURANT	-17 150	-3,70%	36 433	6,28%	126 316	16,58%
RESULTAT EXERCICE	-17 150	-3,70%	30 006	5,17%	84 215	11,05%

Les indicateurs sont en progression constante. Par contre pour la première année, l'entreprise présente un résultat négatif malgré le fait que la valeur ajoutée soit positive. Ce résultat a deux origines :

- la première année l'entreprise commence à travailler au mois de février ;
- les créateurs ayant abandonné leurs activités personnelles, ils ont décidé de se verser des salaires dès la première année.

■ Analyse du risque

Le point mort exprime le risque qu'encourt l'entreprise. Il est exprimé en chiffres d'affaires ou en temps. Il donne le montant du CA et le moment (mois) à partir duquel le CA est supérieur aux coûts (fixes + variables). À partir de ce moment, l'entreprise devient bénéficiaire. Pour diminuer le risque, le point mort doit être le plus prêt de l'origine. Si le point mort s'approche de l'origine, l'entreprise est moins risquée ; dans le cas contraire le risque augmente. On étudie le point mort sur trois ans.

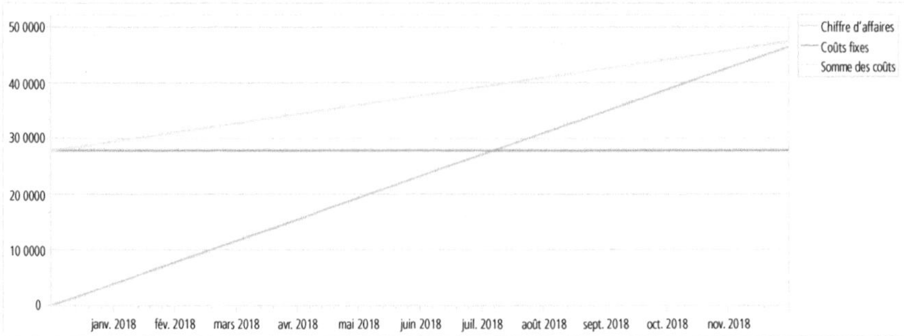

Figure 4.14 – Point mort 2018

Pour la première année, le point mort n'est pas atteint (résultat négatif). Ce résultat s'explique notamment par le fait que les créateurs ont choisi de se verser des salaires dès le démarrage de l'entreprise.

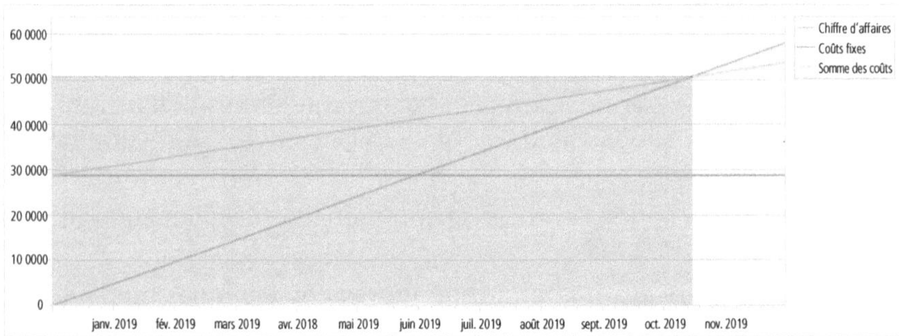

Figure 4.15 – Point mort 2019

La deuxième année, le point mort est atteint à mi-octobre et pour un CA de 500 000 euros. Ce résultat est meilleur que celui de la première année mais l'entreprise reste risquée.

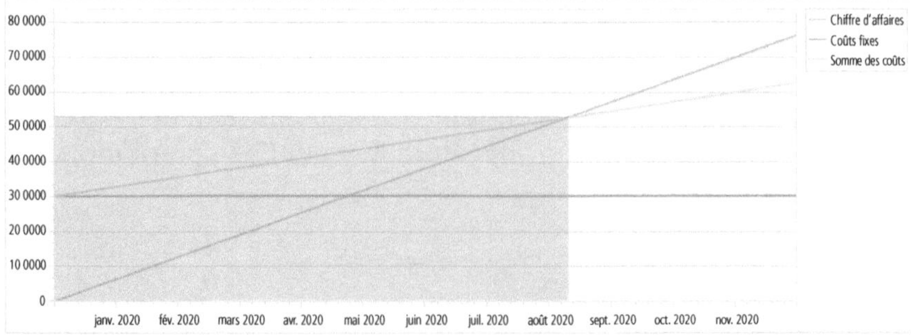

Figure 4.16 – Point mort 2020

Nette amélioration des performances de l'entreprise pour 2020, le point mort est atteint à mi-août.

■ Analyse du patrimoine

Le bilan donne de précieuses informations concernant :

- les immobilisations de l'entreprise après amortissements ;
- les disponibilités financières de l'entreprise ;
- les capitaux propres ;
- les dettes financières et d'exploitation.

Le bilan

Tableau 4.26 – Actif

Libellé	2 018	2 019	2 020
Capital souscrit non appelé			
Immobilisations incorporelles	55 400	48 550	41 700
+ Brut	62 250	62 250	62 250
- Amortissements	6 850	13 700	20 550
Immobilisations corporelles	30 350	22 763	15 176
+ Brut	37 937	37 937	37 937
- Amortissements	7 587	15 174	22 761
Immobilisations financières	6 000	6 000	6 000
+ Brut	6 000	6 000	6 000
- Amortissements			
TOTAL ACTIF IMMOBILISE	**91 750**	**77 313**	**62 876**
Stocks de marchandises			
Stock marchandises			
- Provisions			
Stocks de matières premières	4 609	5 835	7 923
Stocks de matières premières	4 609	5 835	7 923
- Provisions			
En-cours de production de biens			
En-cours de production de biens			
- Provisions			
En-cours de production de services			
En-cours de production de services			
- Provisions			
Produits intermédiaires et finis			

☞

Produits intermédiaires et finis			
- Provisions			
Créances clients et comptes rattachés	8 400	9 408	11 760
Créances clients et comptes rattachés	8 400	9 408	11 760
- Provisions			
Avances et acomptes versés sur commandes			
Autres créances			
TVA déductible			
TVA collectée			
Crédit de TVA			
Crédit d'IS			
Subvention d'exploitation			
Subvention d'investissement			
Emprunt et dettes assimilées			
Fournisseurs			
Créances fiscales et sociales			
Groupes et associés			
Débiteurs divers- Comptes transitoires			
Comptes de régularisation			
Capital souscrit appelé, non versé			
- Provisions			
Disponibilités	52 593	101 934	238 522
Disponibilités	52 593	101 934	238 522
- Provisions			
Valeurs mobilières de placement			
Valeurs mobilières de placement			
- Provisions			
Charges constatées d'avances			
Charges à répartir			
TOTAL ACTIF CIRCULANT	**65 602**	**117 177**	**258 205**
TOTAL ACTIF	**157 352**	**194 490**	**321 081**

Tableau 4.27 – Passif

Capital	90 000	90 000	90 000
Réserves et report à nouveau		-17 150	12 856
Résultat de l'exercice	-17 150	30 006	84 215
Subventions d'investissements			
Subvention- Brut			
Subvention- Amortissements			
Provisions réglementées			
TOTAL CAPITAUX PROPRES	**72 850**	**102 856**	**187 071**
Autres fonds propres			
TOTAL AUTRES FONDS PROPRES			
Provisions pour risques et charges			
TOTAL PROVISIONS			
Dettes financières	32 317	24 480	16 485
Emprunts obligataires			
Emprunts et dettes auprès des établissements de crédit	32 317	24 480	16 485
Découvert de trésorerie			
Intérêts sur découvert			
Emprunts et dettes financières divers			
Dettes d'exploitation	52 185	67 154	117 525
Dettes fournisseurs et comptes rattachés	28 457	33 720	48 402
Avances et acomptes reçus			
TVA à payer	16 501	19 468	25 588
TVA collectée			
TVA déductible			
Crédit de TVA			
Impôts sur les sociétés		6 427	35 673
Autres dettes fiscales			
Subvention d'exploitation			
Dettes sociales	7 227	7 539	7 862

☞

☞

Dettes diverses			
Dettes sur immobilisations et comptes rattachés			
Autres dettes			
Produits constatés d'avances			
TOTAL DETTES	**84 502**	**91 634**	**134 010**
TOTAL PASSIF	157 352	194 490	321 081
Ecart de conversion passif			

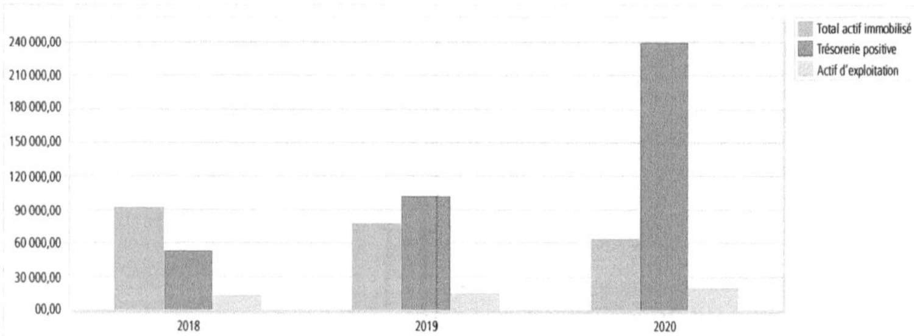

Figure 4.17 – Actif

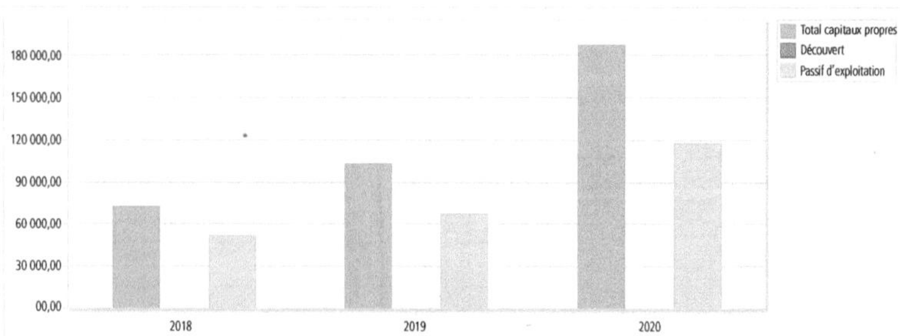

Figure 4.18 – Passif

Le bilan doit être étudié par rapport aux bilans du secteur et par rapport à son évolution. On constate que les bilans sont conformes aux décisions des créateurs. Il y a une augmentation des capitaux propres qui va permettre la croissance de l'entreprise sans recourir aux emprunts, mais aussi l'augmentation du patrimoine de l'entreprise, donc sa valeur.

Pour conclure

Ces tableaux financiers font partie intégrante du BP. Les explications quant aux hypothèses ayant servi de fondement pour leur construction sont fournies et analysées dans la rubrique « Budget prévisionnel ». Dans cette rubrique, les allers-retours et les choix finaux seront explicités. Ces informations serviront de base de discussion entre les actionnaires d'une part et entre les fondateurs de l'entreprise et leurs partenaires extérieurs d'autre part.

L'ensemble de la construction des tableaux financiers sera analysé finement par les lecteurs extérieurs qui non seulement vont apprécier la **rentabilité** du projet mais également sa **viabilité**. Même si l'entreprise a de belles perspectives de développement et réalise du chiffre d'affaires, sa viabilité est conditionnée par sa survie au quotidien. Le tableau de trésorerie mensuelle est l'outil idéal pour vérifier que l'entreprise a les capacités financières pour faire face à ses dépenses au quotidien. À noter que l'entreprise doit payer ses salaires jusqu'au 10 du mois suivant sinon les employés peuvent demander sa liquidation. Elle doit également payer l'Urssaf qui n'accorde aucun délai de paiement, etc.

Les lecteurs apprécieront également le **risque** que l'entrepreneur (et ses associés) prend (son apport en capital) et son adéquation avec ce qu'il reçoit de l'entreprise (salaire, avantages et dividendes).

Enfin, ils s'intéresseront aux **perspectives d'avenir** (mode de sortie des investisseurs : revente de l'entreprise, continuité de l'exploitation, développement, etc.) et les retours sur investissement pendant l'exploitation de l'entreprise.

Ces tableaux et les ratios qui en découlent seront également très utiles au créateur pour piloter au plus près la vie de l'entreprise.

En cas de changement important des prévisions, il est obligatoire d'actualiser le BP pour apporter au plus tôt des solutions aux problèmes identifiés.

Conclusion

Vous aviez une idée pour créer une entreprise ; elle s'est maintenant concrétisée et transformée en véritable projet d'entreprise. Ce travail de transformation a pris du temps et il se traduit concrètement par un document écrit qui est le business plan. Le BP est un document « complet » qui comprend un texte et sa traduction en éléments financiers.

L'objectif de cet ouvrage a été d'amener l'équipe de création à prendre en compte tous les éléments pour rédiger, puis présenter et « vendre » ce dossier complet.

À présent, vous avez en mains tous les outils pour mettre en œuvre vos objectifs. Vous serez amené à faire vivre le business plan de départ au fil des mois. Vous vous apercevrez peut-être que vos prévisions n'étaient pas tout à fait justes ou bien au contraire très pertinentes. Au fur et à mesure de la réalisation de votre activité, vous devrez actualiser ce business plan dans les mêmes conditions de numérotation et de sauvegarde.

Ensuite, lorsque votre entreprise continuera son développement, vous devrez commencer à concevoir votre prochain business plan (une nouvelle production, la mise au point de nouvelles recherches, le déploiement sur un nouveau marché ou l'extension de la gamme de produits et services sans compter le besoin de lever à nouveau des fonds). Toutes les recommandations faites à l'occasion de l'écriture de votre premier business plan restent valables, comme la nécessité de vous isoler des pressions quotidiennes pour vous consacrer à sa construction et sa rédaction. Cependant, le travail sera plus facile pour le deuxième business plan et sera encore plus facile pour le suivant, vous aurez des repères !

Conseils pour construire un BP cohérent

- Construisez le BP par étape.
- Apportez des preuves et justifiez vos informations.
- Montrez la cohérence entre les objectifs et les moyens.
- Soyez réaliste (ni optimiste ni pessimiste), prudent mais ambitieux.
- Apportez un avantage concurrentiel réel aux clients.
- Définissez clairement votre périmètre d'activité.
- Estimez un CA pertinent en utilisant différentes méthodes de calcul.
- Mettez en avant l'historique du projet et le créateur (adéquation homme/projet).
- Identifiez les risques et apportez des solutions (plan « B »).
- Démontrez la viabilité du projet, ne le sous- ou surestimez pas.
- Faites valider vos avancées par des spécialistes et experts.

Conseils pour écrire le BP

- Débutez la rédaction dès vos premières réflexions.
- Soignez votre rédaction : clarté, simplicité, pas d'information inutile, présentation agréable à lire.
- Adaptez chaque version à votre destinataire.
- Mettez en avant certaines rubriques en fonction du projet (techno, marketing...).
- Jouez « cartes sur table » : expliquez où vous en êtes, les difficultés et les manières selon vous de les lever.
- Donnez envie à votre interlocuteur de participer à l'aventure.
- Rédigez des synthèses à la fin de chaque paragraphe.
- Préférez des schémas et des graphiques à de longs discours.
- Ne dévoilez jamais vos « secrets ».

Les raisons du succès

- Pensez comme un entrepreneur.
- Mettez-vous à la place du client pour lui offrir ce dont il rêve.
- Pensez technologie et protégez-la.
- Marketez votre produit, service ou concept.
- Organisez-vous en conséquence.
- Financez votre rêve.
- Dégagez des revenus.
- Rêvez votre projet à cinq ans.

Lexique

Amortissements

L'amortissement des immobilisations est une procédure qui permet de prendre en compte leur perte de valeur (dépréciation) au cours des années d'utilisation. Les amortissements peuvent être linéaires (même amortissement chaque année pendant toute la durée de vie du bien) ou dégressifs (amortissement plus élevé la première année).

Apports en nature

Cette opération permet aux créateurs d'apporter des moyens physiques de production ou d'exploitation à l'entreprise (mode de financement indirect de l'entreprise). C'est une Opération délicate qui demande l'évaluation financière des biens apportés, réalisée par un ou plusieurs commissaires aux apports.

Benchmarking

Étalonnage des pratiques (de communication, de positionnement, etc.) d'un concurrent ou d'un leader reconnu pour sa performance dans un domaine donné (organisation de la production, maîtrise des délais, capacité d'innovation, etc.)

Besoin en fonds de roulement (BFR)

Le besoin en fonds de roulement exprime la somme d'argent dont l'entreprise a besoin pour financer son exploitation.

Bilan

Le bilan est l'inventaire de l'entreprise à un moment donné (fin de l'exercice) qui donne des informations sur les ressources de l'entreprise et leur utilisation. Il est composé de deux parties :

- l'actif qui regroupe les biens (immobilisations) et les créances détenus par l'entreprise ;
- le passif qui regroupe les ressources (capitaux) et les dettes des tiers.

Business Angels

Investisseurs individuels participant au financement du démarrage de l'entreprise en apportant leurs compétences, leurs carnets d'adresses et leurs conseils.

Business Plan ou plan d'affaires

Document écrit qui retrace l'histoire d'un projet (ou d'une idée) porté par un créateur et/ou une équipe et qui regroupe toutes les informations concernant la création de l'entreprise. C'est à la fois un document de travail et un outil de communication.

Business Plan de référence

Premier BP écrit à visée interne. Cette version sera améliorée au fur et à mesure du temps et se déclinera ensuite en plusieurs versions pour les différents lecteurs extérieurs à l'entreprise (banquier, capital-risqueur, fournisseur et tous les partenaires).

Business Model

Le Business Model exprime le mécanisme de création de valeur de l'entreprise que l'on peut exprimer ainsi : « comment générer des revenus et de la rentabilité à partir de cette idée et avec les moyens envisagés ? » ou encore « quelle est l'adéquation du projet avec son marché potentiel ? ».

Capacité d'autofinancement

Surplus monétaire dégagé par l'activité de l'entreprise qui pourra être utilisé pour financer son activité future. Si ce surplus – ou une partie – n'est pas distribué sous forme de dividendes aux associés, il est appelé autofinancement.

La capacité d'autofinancement est égale au résultat net après impôts augmenté des amortissements.

L'autofinancement est égal à la capacité d'autofinancement moins les dividendes distribués.

Capital-risque

Mode de financement apporté par des sociétés (les capitaux risqueurs) aux jeunes entreprises, notamment innovantes. Leurs exigences de rendement sont très importantes ; elles n'interviennent pas systématiquement en phase de démarrage mais plutôt lors du premier développement de l'entreprise.

Capitaux propres

Les capitaux propres sont les ressources qui appartiennent à la société et sont d'une manière permanente à la disposition de l'entreprise. Ils sont composés du capital social de l'entreprise et des réserves (bénéfices des exercices précédents non distribués), du report à nouveau, des subventions d'investissement, des provisions pour risque, des provisions réglementées et du résultat net de l'exercice.

Capitaux permanents

Les capitaux permanents sont composés des capitaux propres et des dettes à long terme. Une partie des capitaux permanents (les dettes à long terme) n'appartient pas à la société et doit être remboursée, mais elle est à la disposition de l'entreprise.

Le schéma suivant montre la différence entre les capitaux propres et les capitaux permanents.

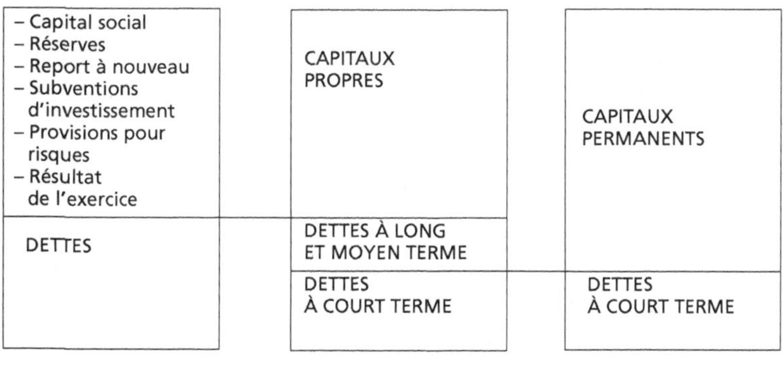

Cash-flow

Le cash-flow est le solde entre les encaissements et les décaissements qui interviennent pendant l'exploitation. Le cash-flow ne comprend pas les remboursements en capital, les frais financiers et les dividendes.

Cash-flow = Chiffre d'affaires – Charges fixes – Charges variables.

Cible

Ensemble des personnes (marché BtoC), des entreprises (marché BtoB) ou des administrations (marché BtoG) que l'entreprise cherche à toucher. Elle comprend :

- le cœur de cible : les clients à viser en priorité ;
- la cible intermédiaire : les clients proches de passer à l'acte dans les prochains mois ;
- la cible élargie : les clients qu'il faudra convaincre à plus long terme.

Compte de résultat

Le compte de résultat présente les flux monétaires de l'année fiscale.

Crédit-bail

Mode de financement des immobilisations des entreprises via la location des biens d'équipement nécessaires à la production, de l'outillage et du matériel. La société qui a recours au crédit-bail n'est pas propriétaire des biens, mais en est locataire et paye un loyer mensuel. À la fin du bail, elle peut choisir l'option achat du bien moyennant un prix convenu lors de la conclusion du crédit-bail. Il existe un crédit-bail particulier : le crédit-bail immobilier proposé par les Sicomi (Sociétés immobilières pour le commerce et l'industrie) dans le but de financer à long terme les immobilisations des entreprises.

Crowdfunding

Mode de financement participatif via une plateforme Internet.

Elevator pitch

Présentation de son projet de création en 1, 2 ou 5 minutes, de manière compréhensible pour toute personne qui ne connaît rien à votre activité. Cette présentation orale ne doit pas excéder, par analogie, le temps d'un trajet en ascenseur.

Étude de marché

Étude globale permettant au créateur de comprendre d'une part le fonctionnement du marché visé (demandes des clients actuels et place des concurrents) et d'autre part les attentes de ses futurs clients dans le but de définir une offre nouvelle (le Business Model) et augmenter ses chances de succès.

Excédent brut d'exploitation (EBE)

L'excédent brut d'exploitation est l'indicateur principal de la performance de l'entreprise.

Executive Summary

Résumé stratégique de tout le projet de création. Il sert d'introduction au BP et doit convaincre en une page ou deux. Son écriture doit être très soignée.

Facteurs clés de succès

Caractéristiques imposées par l'environnement et les clients à un moment donné, qu'une entreprise doit connaître et maîtriser si elle veut conquérir des parts de marché de manière pérenne (ex. : prix, délai, qualité, image, innovation, etc.).

Fonds de roulement

Le fonds de roulement représente les moyens dont l'entreprise dispose à court terme pour financer son exploitation.

Fonds de roulement : Capitaux permanents – Actif immobilisé.

Frais fixes

Les frais fixes ne varient pas en fonction de l'activité de l'entreprise. Ils sont composés en principe des frais généraux, des frais d'administration, des frais de la direction et des frais relatifs au personnel stable.

Frais variables

Les frais variables sont directement liés à l'activité de l'entreprise et varient d'une manière proportionnelle cette activité.

Immobilisations

Les immobilisations sont les biens qui restent d'une manière permanente dans la société.

Les immobilisations corporelles regroupent les biens , les immobilisations incorporelles les biens qui ne sont pas « physiques » (les frais d'établissement, frais de recherche et développement, le fonds de commerce, les brevets et licences) et les immobilisations financières les prêts vers des tiers, des participations au capital d'autres sociétés, des obligations détenues, etc.

Impôt sur les sociétés (IS)

Chaque société verse un pourcentage de son résultat net à l'État sous forme d'impôt. Actuellement le taux normal et de 33 1/3 %. Cet impôt n'est pas payé en une seule fois, mais sous formes d'acomptes à prendre en compte lors de l'élaboration du tableau de trésorerie. Pour certains types d'entreprises et certaines années, des taux spéciaux existent.

Incubateur

Lieu d'hébergement des créateurs de projets innovants et technologiques où ils trouvent conseil, accompagnement, coaching, formation et logistique (bureaux). Certains peuvent également aider financièrement les créateurs pour réaliser leurs études et pour la recherche de financement.

MVP (minimum viable product)

Première concrétisation de l'idée de création qui doit être validée par les early adopters. Le MVP doit être réalisé très tôt et à faible coût. Il peut s'agir d'une maquette (ou prototype), d'un schéma ou vidéo, d'une landing page pour n site Internet.

Plan de financement initial

Sous forme de tableau, il recense les dépenses et les ressources de la première phase (installation) de l'entreprise.

Point mort

Le point mort est le volume des ventes qui ne dégage ni profit ni pertes, dit « équilibre ».

Le schéma suivant donne les relations qui existent entre le point mort, le chiffre d'affaires et les charges de l'entreprise.

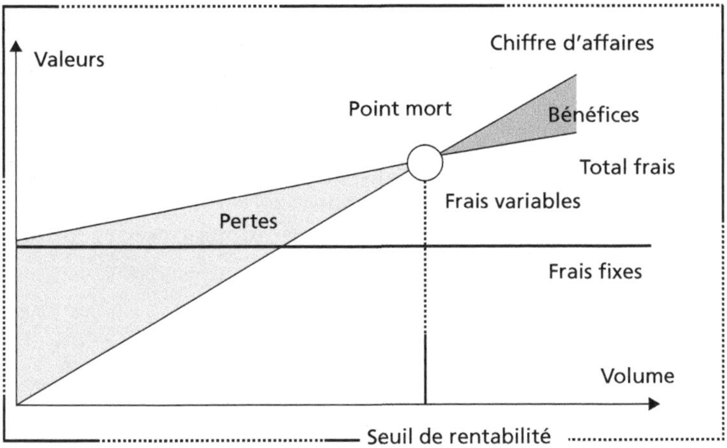

Positionnement stratégique

Choix de la manière de situer son offre clients par rapport à la concurrence. Ce positionnement doit être décisif, durable et défendable. Il permettra à l'entreprise de se différencier de la concurrence.

Provisions pour risque

Il s'agit de la constitution de réserves pour palier une dépréciation des immobilisations, des stocks et des créances clients (provisions pour dépréciation) ou d'autres faits qui sont prévisibles (provisions pour risques des charges d'exploitation)

Report à nouveau

C'est la partie du résultat qui n'a pas été affectée. Il reste à la disposition de l'entreprise jusqu'à la prochaine assemblée générale.

Réserves

Le principe des réserves est de fournir des capitaux propres à l'entreprise. Ces réserves sont constituées lors des exercices bénéficiaires. En diminuant le bénéfice distribué, elles améliorent la situation financière de l'entreprise. Il existe plusieurs réserves : légales, facultatives et réglementées.

Résultat courant avant impôts

C'est le résultat qui est déterminé avant la prise en compte des éléments exceptionnels, la participation des salariés et les impôts.

Résultat d'exploitation

C'est le résultat qui est généré par l'activité propre de l'entreprise (avant la prise en compte des produits et charges financiers).

Résultat de l'exercice

Le résultat de l'exercice est le résultat final de l'exercice.

Segmentation

Opération de découpage du marché total en segments de marché qui présentent des caractéristiques spécifiques communes. A chaque segment, une offre particulière peut être proposée.

Soldes intermédiaires de gestion

Les soldes intermédiaires de gestion sont des regroupements d'informations provenant du compte de résultat. Leur évolution sur 3 ans est un indicateur de la performance de la société.

Taxes

Voir les détails et les nouveautés sur le site www.impots.gouv.fr

Taxe d'apprentissage

Elle est calculée sur la base des salaires bruts de l'année précédente l'imposition.

Taxe foncière

Tout propriétaire d'un immeuble bâti ou non bâti est soumis à la taxe foncière dans la commune où le bien est situé. Les constructions nouvelles sont exonérées pendant deux ans.

Taxe professionnelle

Cette taxe est due par chaque personne physique ou morale disposant d'un lieu d'activité professionnelle non salariée. Son calcul est très compliqué.

Taxe pour la formation continue

Tous les employeurs doivent participer chaque année au financement de la formation professionnelle continue. La base qui sert de calcul correspond aux salaires bruts de l'année précédente.

Taxe sur les salaires

Réservée aux entreprises non soumises à la TVA, cette taxe fait l'objet d'un calcul au prorata pour les entreprises partiellement soumises à la TVA.

Taxe sur les véhicules de tourisme

Cette taxe est due par les sociétés quels que soient leur forme et leur régime fiscal ; elle n'est en revanche déductible que dans les sociétés non soumises à l'IS.

Time to market

Temps d'accès au marché évalué en mois ou en années. En phase de création, le temps d'accès réel est souvent plus long que le temps d'accès prévu initialement.

Trésorerie

Le tableau de trésorerie enregistre les encaissements et décaissements de l'entreprise pour les 12 mois de l'exercice fiscal. Avec cet outil, le créateur possède toutes les informations pour gérer au quotidien les finances de l'entreprise.

Bibliographie

Blank S., Dorf B., *Le Manuel du créateur de start-up*, Diateino, 2013.

Chambaud V., *Guide fiscal et social du créateur d'entreprise*, 7e éd., Dunod, 2013.

Conso P., Hemici F., *Gestion financière de l'entreprise*, 11e éd., Dunod, 2005.

Kim W. Chan., Mauborgne R., *Stratégie Océan bleu : comment créer de nouveaux espaces stratégiques*, Pearson, 2015.

Osterwalder A., Pigneur Y., *Business Model Nouvelle génération*, Pearson, 2011.

Papin R., *Stratégie pour la création d'entreprise*, 16e éd., Dunod, 2015.

Ries E., *Lean start-up*, Pearson, 2012.

Sharma P., *The Harvard Entrepreneur Club, Guide To Starting Your Own Business*, Wiley Education, 1999.

Tsagliotis A., *S'inspirer des start-up*, Dunod, 2015.

Pour contacter les auteurs :

legerjarniou@gmail.com

gkaloussis@gmail.com

Index

76939 - (I) - OSB 90° - BEP - SPU
Dépôt légal : Septembre 2017 - N° impression : 708159
Imprimé en France par la Nouvelle Imprimerie Laballery
58500 Clamecy